海南省自然科学基金高层次人才项目
"乡村振兴战略背景下海南县级融媒体传播乡村文化的创新路径研究"（722RC759）资助

文化振兴背景下海南省县级融媒体传播乡村文化的创新路径

◎黄 艳 著

中国农业科学技术出版社

图书在版编目(CIP)数据

文化振兴背景下海南省县级融媒体传播乡村文化的创新路径 / 黄艳著. -- 北京：中国农业科学技术出版社，2025.1. -- ISBN 978-7-5116-7251-3

Ⅰ.G127.66

中国国家版本馆 CIP 数据核字第 2025A4D719 号

责任编辑	史咏竹
责任校对	马广洋
责任印制	姜义伟　王思文

出 版 者	中国农业科学技术出版社
	北京市中关村南大街 12 号　邮编：100081
电　　话	(010) 82105169 (编辑室)　　(010) 82106624 (发行部)
	(010) 82109709 (读者服务部)
网　　址	https://castp.caas.cn
经 销 者	各地新华书店
印 刷 者	北京建宏印刷有限公司
开　　本	185 mm×260 mm　1/16
印　　张	10
字　　数	201 千字
版　　次	2025 年 1 月第 1 版　2025 年 1 月第 1 次印刷
定　　价	58.00 元

版权所有·翻印必究

内容简介

新时代的乡村文化振兴贯穿于乡村振兴工程的全过程及各领域，是建设社会主义文化强国的重要目标之一。习近平总书记强调，要推动乡村文化振兴，加强农村思想道德建设和公共文化建设，以社会主义核心价值观为引领，深入挖掘优秀传统农耕文化蕴含的思想观念、人文精神和道德规范。县级融媒体作为最接近乡村大众的基层媒体，长期处于"三农"的最前沿，承担打通信息与文化传播"最后一公里"的使命。为了促进乡村思想道德建设、挖掘和传承中华优秀传统文化、丰富基层群众精神文化生活，本书以文化振兴与发展乡村文化建设的意义开篇，首先，调研分析中国一些市县的乡村文化及海南省的乡村文化传播现状；其次，围绕县级融媒体与乡村文化的关系展开论述，结合国内典型省份县级融媒体中心建设的成功案例，深入挖掘其成功传播乡村文化的融媒体作品，体会县级融媒体对乡村文化传播的新实践、新思路；再次，多维度分析海南省县级融媒体参与乡村文化振兴现状、存在的主要问题和创新路径；最后，展望海南省县级融媒体的未来前景，预测海南乡村文化传播新的发展方向。

前　言

2017年10月，党的十九大首次提出实施乡村振兴战略，要求坚持农业农村优先发展，加快推进农业农村现代化；要推动中华优秀传统文化创造性转化、创新性发展。中共中央、国务院印发的《乡村振兴战略规划（2018—2022年）》明确指出："坚持以社会主义核心价值观为引领，以传承发展中华优秀传统文化为核心，以乡村公共文化服务体系建设为载体，培育文明乡风、良好家风、淳朴民风，推动乡村文化振兴，建设邻里守望、诚信重礼、勤俭节约的文明乡村。……立足乡村文明，吸取城市文明及外来文化优秀成果，在保护传承的基础上，创造性转化、创新性发展，不断赋予时代内涵、丰富表现形式，为增强文化自信提供优质载体。"

乡村振兴，文化为魂。振兴乡村文化，不仅可以活跃经济文化氛围、拓展社会生态空间、构建文化传播语境，还能提升农民生产生活质量、文化综合素养和精神境界。乡村文化是乡村社会的精神纽带，凝聚着乡土之美、人文之美。在中国传统的乡村社会，文化发挥着非常重要的治理作用，它辐射乡村生活的各个方面。只有把传统留住、把文化留住，同时适应时代的变化，才能建构具有饱满品位特征、具有生动气息的新乡土、新农村。

只有筑牢文化振兴这一灵魂，才能让乡村文化真正"活"起来，让农民更有精气神，让农村更有吸引力，让乡村在新时代展现新气象。

县级融媒体作为引领乡村精神文明建设的载体，可以帮助村民破除旧思想、传播科学真理，这有利于系统改造乡村的精神风貌，进而为乡村培养一大批新型农民主体。可见，县级融媒体是农民思想文化工作的重要平台，能促使农民在乡村振兴中"富脑袋"。在乡村文化空间的现代化建构层面，"乡村文明是中华民族文明史的主体"，文化振兴的根本在于建好乡风文明的文化空间，而县级融媒体中心特别注重抓乡村的精神文明建设。县级融媒体建设坚持教育引导、实践养成、制度保障三管齐下，将微观机制融入宏观乡土空间中，在乡村场域中打造合理的思想道德规范和公共文化设施，进而搭建起县域的主流舆论空间。

党的二十大报告提出的推进数字中国建设，必将逐步嵌入乡村文化建构中。县级融媒体与乡村文化振兴是辩证统一、互促互进的关系，符合融媒体赋能文化振兴的内在规律。乡村振兴战略正加快实施，县域媒体将呈现出更强大的文化振兴潜能。

本书以文化振兴与发展乡村文化建设的意义开篇，首先，调研分析了中国一些市县的乡村文化及海南省的乡村文化传播现状；其次，围绕县级融媒体与乡村文化的关系展开论述，结合国内典型省份县级融媒体中心建设的成功案例，深入挖掘其成功传播乡村文化的融媒体作品，体会县级融媒体对乡村文化传播的新实践、新思路；再次，多维度分析了海南省县级融媒体参与乡村文化振兴现状、存在的主要问题和创新路径；最后，展望海南省县级融媒体的未来前景，预测海南乡村文化传播新的发展方向。

本书的出版获得2022年海南省自然科学基金高层次人才项目"乡村振兴战略背景下海南省县级融媒体传播乡村文化的创新路径研究"（722RC759）的资助，体现了县级融媒体在乡村文化振兴过程中的独特价值，虽内容丰富，但还有许多研究有待深入挖掘，研究内容还有进一步深化拓展的空间。

由于时间所限，加之研究和写作水平有限，本书尚有不足之处，敬请同行专家学者批评指正。

著　者
2024年12月

目　录

第一章　引　言 ··· 1
　一、研究背景 ··· 1
　二、研究意义 ··· 2
　三、国内外相关研究的学术史梳理及研究动态 ················· 3
第二章　文化振兴与发展乡村文化建设的意义 ··················· 5
　一、文化振兴是乡村振兴的灵魂 ····························· 5
　二、文化振兴是乡村振兴的必由之路 ························· 6
　三、文化振兴是乡村振兴的动力 ····························· 7
　四、繁荣乡村文化，助力乡村振兴 ··························· 8
第三章　乡村文化的内涵、特征与价值意蕴 ····················· 10
　一、乡村文化的内涵与特征 ································· 10
　二、乡村文化的价值意蕴 ··································· 12
第四章　三省典型市县乡村文化传播现状调研 ··················· 15
　一、河北省邯郸市 ··· 15
　二、山西省临汾市、运城市和晋中市 ························· 21
　三、广东省惠州市 ··· 31
第五章　海南省乡村文化传播现状调研 ························· 41
　一、儒张村 ··· 41
　二、道贡村及羊山地区 ····································· 46
　三、湧潭村 ··· 55
　四、昌学村 ··· 59
　五、金花村 ··· 62
　六、新坡镇 ··· 66

七、石山镇 ··· 73
　　八、道崇村 ··· 81
　　九、海南非物质文化遗产 ··· 91
　　十、沉香文化 ··· 105
　　十一、渔文化 ··· 106
　　十二、宗教文化 ·· 107
　　十三、骑楼建筑文化 ·· 108

第六章　县级融媒体的内涵、特征及价值意蕴 ························· 109
　　一、县级融媒体的内涵 ·· 109
　　二、县级融媒体的特征 ·· 111
　　三、县级融媒体的价值意蕴 ·· 112

第七章　县级融媒体建设与乡村文化振兴的关系 ····················· 114
　　一、县级融媒体与文化的关系 ··· 114
　　二、县级融媒体建设与乡村文化振兴战略相契合 ················ 115

第八章　县级融媒体中心传播的经典模式 ······························· 118
　　一、浙江省长兴县的县级融媒体 ······································ 118
　　二、江苏省邳州市的县级融媒体 ······································ 121
　　三、江西省分宜县的县级融媒体 ······································ 122

第九章　海南省3个县级融媒体传播乡村文化的现状 ··············· 125
　　一、琼海市融媒体中心 ·· 125
　　二、东方市融媒体中心 ·· 127
　　三、海口市融媒体中心 ·· 131

第十章　海南省县级融媒体传播乡村文化存在的问题、创新路径及展望 ··· 134
　　一、海南省县级融媒体传播乡村文化存在的问题 ················ 134
　　二、海南省县级融媒体传播乡村文化的创新路径 ················ 138
　　三、海南省县级融媒体传播乡村文化的展望 ······················ 144

参考文献 ··· 146

第一章

引 言

一、研究背景

中国乡村文化建设存在的问题源于农民对改变农村面貌缺乏信心，乡村文化受到多方面冲击，农村陈规陋习代代相传，文化创新能力弱，文化监管机制缺乏。《乡村振兴战略规划（2018—2022年）》强调，乡村文化振兴要以加强农村思想道德建设和公共文化建设为根本，乡村文化振兴要以社会主义核心价值观为引领，乡村文化振兴要以培育挖掘乡土文化人才为关键。乡村文化振兴是消除乡村文化需求与供给不平衡不适应之间矛盾的有力举措，是全面乡村振兴的重要发力点。2023年中央一号文件《中共中央 国务院关于做好2023年全面推进乡村振兴重点工作的意见》强调，须拓展县级融媒体中心建设，深入实施农耕文化传承保护工程，加强重要农业文化遗产保护利用。在2020年底已基本实现县级融媒体中心建设全国覆盖。2022年中国的县级融媒体中心建设已逐步迈向了质效合一、平台融通、服务拓展、社会治理的2.0阶段，但仍存在一些问题，如融媒客户端影响力有待提升、"服务群众"工作推进不够快、全媒体人才队伍建设存在局限性等。乡村文化的传播与传承能提升国家文化软实力和中华文化影响力。只有在乡村文化保护工作的基础上，立足传播的理念，运用与时俱进的多种媒介并发挥县级融媒体中心在其中的主导作用，才能更好地传播乡村文化。因而，乡村文化的传播与传承成为乡村文化振兴背景下县级融媒体应承担的历史责任。2018年11月，中共中央《关于加强县级融媒体中心建设的意见》指出，县级融媒体要做好主流媒体思想在乡村基层的传播和引导。根据海南省委宣传部的统一部署，海南全省规划建成15个县级融媒体中心，所有的县级融媒体中心将在2020年6月底前全部投入使用。海南省县级融媒体建设为乡村文化振兴提供了新机遇，助推乡村文化振兴是县级融媒体中心的重要功能。

二、研究意义

（一）理论意义

在媒介融合的时代，乡村文化传播也呈现出融合态势。传统乡村文化的继承和发扬离不开文化政策的引导、群众文化活动的承载和现代媒体的介入，而县级融媒体在乡村有效地落地生根也离不开乡村经济建设和乡村文化土壤的支持。乡村振兴和县级融媒体建设这两大政策的颁布实施为县域的经济、文化发展和生态构建了良好的氛围，县级融媒体不仅能从中得到发展机会，还能助力乡村振兴和乡村文化传播。在乡村振兴战略背景下，以乡村文化传播为主要议题，从传播学角度出发，借助社会学、文化学等相关学科知识来探索乡村文化的现代传播力，通过对乡村受众心理及需求的分析，提出乡村文化在海南省县级融媒体建设场域下的有效传播策略，以期为乡村文化传播提供新的研究场域、为乡村文化的现代化发展理论体系进行补充。

（二）现实意义

党的十九大报告中，中共中央重点部署了"乡风文明"这一核心议题。2020年是决胜全面建成小康社会的关键时期，也是国家乡村振兴战略规划的重要战略机遇期，乡村文化建设与传播作为乡村文化振兴的重要组成部分，其意义不言自明。但乡村文化建设因其复杂性、特殊性，一直是乡村地区建设的薄弱环节，而乡村文化的大众传播一直以来也未得到海南省县级媒体的重视和强化。文化建设作为上层建筑的一部分，势必受到经济基础的牵制，并反作用于经济社会发展。所以，乡村文化建设应该成为文化振兴的关键，乡村文化传播也势必影响全局发展。因此，就本研究的现实意义而言，大可从以下三方面进行探索。

第一，可以大致了解乡村文化振兴进程中，各级政府、各大媒体对乡风文明的建设程度，并且把握海南省县级融媒体在县级层面的建设及普及情况，了解乡村文化的传播现状与困境，感知海南省县级融媒体中心的建设对乡风文明的促进作用，有一定现实意义。

第二，研究与分析海南省县级融媒体与乡村文化传播的关系，通过实际案例重点探讨国内典型省份县级融媒体信息传播方式对于该区域乡村文化传播的多方面影响，有一定传播意义。

第三，分析海南省县级融媒体建设对各县级乡村文化传播的影响，对乡村文化传承、发展与繁荣有一定意义，具有文化价值。

三、国内外相关研究的学术史梳理及研究动态

（一）国内外县级融媒体传播的学术史梳理

关于媒体融合的研究最早是从西方国家开始的。Negroponte（1995）提出了媒体融合的设想。随后，美国新闻学会媒介研究中心主任 Andrew N（2001）将媒体融合定义为"印刷的、音频的、视频的、互动性数字媒体组织之间的战略的、操作的、文化的联盟"。Jenkins（2007）指出，媒体融合不再是终点，而是真正参与传播并达成效果的重要部分，融合带来内容生产主体逐渐开放与多元化。国内媒体融合的第四阶段产物就是县级融媒体。国内学者的研究多涉及县级融媒体的科技传播、对农传播、政治传播和非物质文化遗产传播等，但关于县级融媒体文化传播的研究报道不多。

（二）国内外相关研究的发展现状与动态

1. 关于县级融媒体与乡村振兴关系的研究

关于县级融媒体与乡村振兴关系的研究主要集中在国内一些典型县级融媒体中心助推乡村振兴的实践经验，县级融媒体中心的现状、存在的不足，以及对乡村振兴的实施路径选择。

谭云明和黄瑜娜（2021）以湖南株洲地区为例，介绍了县级融媒体中心与乡村振兴实现良性互动的经验。国征和王志霞（2020）描述了山东寿光市融媒体中心助推乡村振兴的具体规模及其在实践中总结的经验。张馨文（2021）以重庆市潼南区融媒体中心为例，突出强连接性、强互动性和强地域性的特点，论述了县级融媒体中心在乡村振兴传播中的发展路径。江宇和卢晶玲（2020）以广西壮族自治区县级融媒体中心微信公众号为例，探索 8 个县级融媒体中心微信公众号助力乡村振兴的路径。张璐（2020）以 3 家县级融媒体微信公众号的传播内容为研究对象，运用内容分析法分析其参与乡村振兴的经验、不足和优化路径。张玮等（2020）认为县级融媒体在乡村振兴传播过程中存在对理念认知不强、创新力弱及引导功能欠缺 3 个问题，提出通过提高运营者意识和思路、加强人才引进与增强受众黏性相应解决 3 个问题。常凌翀（2019）分析了县级融媒体对乡村振兴的作用，并提供了县级融媒体中

心建设助力乡村振兴的实施路径。曹爱民（2020）提出了融入乡村振兴战略、实现融媒体中心"四力"的重要途径。郭荣（2020）分析了乡村振兴视野下县级媒体融合的意义、现状与问题，并探索了乡村振兴视野下县级媒体融合发展的路径。

2. 关于县级融媒体与乡村文化振兴关系的研究

关于县级融媒体与乡村文化振兴关系的研究着重阐述县级融媒体中心助推乡村文化振兴的路径。周琴（2020）基于文化传播角度，探索在乡村振兴视域下，县域融媒体对乡村文化融合传播的创新路径。何美和郑勇华（2021）指出县级融媒体中心与乡村文化振兴建设的内在契合点，县级融媒体中心可以拓展媒体+乡村文化服务、乡村文化传播和乡村文化教育相结合的发展路径。柯真和黄耀明（2020）指出助推乡村文化振兴是县级融媒体中心的重要功能，并以漳州市11个县级融媒体中心为例，说明文化传播中存在的问题及县级融媒体中心文化建设的改进路径。王春林（2021）以广西的民族自治县为例，探索县级融媒体中心助推乡村文化振兴的路径。

3. 关于海南省县级融媒体的研究

关于海南省县级融媒体的研究报道较少，只是简述了海南省县级融媒体建设情况。潘杨（2021）提出海南省县级融媒体中心建设的工作目标，分别为"融管理""融平台"和"融服务"。祝志忠和陈世博（2020）、陈世博和祝志忠（2020）简述了海南省县级融媒体中心的建设情况，并描绘了海南省县级融媒体中心的未来愿景。古斯敏（2020）阐述了新华社新闻信息中心助力海南省县级融媒体中心建设的实践。

上述对于县级融媒体中心建设的研究成果很多，有很大的参考价值和意义。但相关研究的视角主要是县级融媒体中心的经营管理等，虽然强调引导群众，服务群众的功能，却没有深入乡村文化振兴的具体功能实现研究。同时，研究方法主要是思辨性、对策性探索，缺乏对于海南省县级融媒体中心参与乡村文化振兴的实证研究，而县级融媒体在乡村文化振兴过程中的价值独特。因此，本研究通过文献调研法、内容分析法、归纳综合法等，关注海南省县级融媒体参与乡村文化振兴的具体功能和实现现状。

第二章

文化振兴与发展乡村文化建设的意义

一、文化振兴是乡村振兴的灵魂

乡风文明是乡村振兴的保障,必须坚持物质文明和精神文明一起抓,提升农民精神风貌,培育文明乡风、良好家风、淳朴民风,不断提高乡村社会文明程度。

(一) 加强农村思想道德建设

以社会主义核心价值观为引领,坚持教育引导、实践养成、制度保障三管齐下。深入实施公民道德建设工程,挖掘农村传统道德教育资源,推进社会公德、职业道德、家庭美德、个人品德建设。推进诚信建设,强化农民的社会责任意识、规则意识、集体意识、主人翁意识。

(二) 传承发展提升农村优秀传统文化

切实保护好优秀农耕文化遗产,推动优秀农耕文化遗产合理适度利用。深入挖掘农耕文化蕴含的优秀思想观念、人文精神、道德规范,充分发挥其在凝聚人心、教化群众、淳化民风中的重要作用。划定乡村建设的历史文化保护线,保护好文物古迹、传统村落、民族村寨、传统建筑、农业遗迹、灌溉工程遗产。支持农村地区优秀戏曲曲艺、少数民族文化、民间文化等传承发展。

(三) 加强农村公共文化建设

发挥县级公共文化机构辐射作用,推进基层综合性文化服务中心建设,实现乡村两级公共文化服务全覆盖,提升服务效能。深入推进文化惠民,公共文化资源要重点向乡村倾斜，提供更多更好的农村公共文化产品和服务。支持"三农"题材文艺创作生产，鼓励文艺工作者不断推出反映农民生产生活尤其是乡村振兴实践的优秀文艺作品，充分展示新时代农村农民的精神面貌。培育挖掘乡土文化本土人才，开展文化结对帮扶，引导社会各界人士投身乡村文化建设。

二、文化振兴是乡村振兴的必由之路

乡村振兴战略是党在新时代作出的决胜全面建成小康社会、开启全面建设社会主义现代化国家新征程的新战略。文化振兴是乡村振兴战略实施的必然要求、必由之路和必然结果。

（一）开展乡村文化振兴行动，推动农业现代化，有利于夯实乡村振兴战略的基础

乡村振兴战略基础在农业现代化。文化的渗透功能，可以促使文化向农业产前、产中、产后蔓延与融合，形成创意农业、观光农业、品牌农业，促进农村一二三产业融合发展，实现传统农业向现代农业转型与升级。实施"文化+"计划，挖掘乡村生态休闲、旅游观光、文化教育价值，积极开发农业多种功能，推动传统农业创造性转化、创新性发展。推动"互联网+"计划，支持和鼓励农民就业创业，拓宽增收渠道，增加农民的获得感。

（二）开展乡村文化振兴行动，坚守田园生活方式，有益于乡村振兴目标的实现

实施乡村振兴战略的目标是实现农村现代化。围绕有基础、有特色、有潜力的产业，建设一批农业、文化、旅游"三位一体"，生产、生活、生态同步改善，并且具有历史记忆、地域特点、民族风情的特色小镇。建设以农民合作社为主要载体，让农民充分参与和受益，集循环农业、创意农业、农事体验于一体的田园综合体。

三、文化振兴是乡村振兴的动力

(一) 文化振兴助力"产业兴旺"

乡村振兴,产业兴旺是重点。乡村振兴能否实现,取决于乡村的经济基础和生产力发展的好坏,取决于乡村一二三产业是否兴旺发达。产业兴旺需要有高素质的人才作为支撑,文化的发展振兴可以提高农民的科技文化水平和生产技能,培养造就有文化、懂技术、会经营的新型农民,为产业兴旺提供智力支持。同时,具有鲜明区域特点和民族特色的乡村文化本身就是重要的文化资源,是乡村振兴的文化生产力,通过对乡村独特文化资源的开发和市场运作,可以形成独具特色的创意农业和特色文化产业,有利于构建农村一二三产业融合发展体系,为实现产业兴旺提供重要支撑。

(二) 文化振兴助力"生态宜居"

乡村振兴,生态宜居是关键。良好的生态环境和整洁的村容村貌,既能直观反映乡村的文明程度,也是美丽乡村的外在标志。实现生态宜居,更需要乡村特色文化的底蕴依托。在我国乡村千百年的发展过程中,各地独特的文化已经与村落布局、族群地标、建筑形式融为一体,文化是村落、地标、建筑的灵魂,村落、地标、建筑是文化的外在展现。生态宜居不仅要有良好的生态环境,更要体现深厚的文化底蕴,真正做到"望得见山、看得见水、记得住乡愁"。

(三) 文化振兴助力"乡风文明"

乡村振兴,乡风文明是保障。乡风文明能够为产业兴旺提供良好的发展环境。必须高度重视文化在乡村振兴中的作用,以文化振兴推动乡风文明。要注重发挥传统文化在乡村底蕴深厚、流传久远的优势,同时倡导现代文明理念和生活方式,提高农民的思想觉悟、道德水准、文明素养和科学文化素质,提振农民的精气神,促进农民养成良好的思维习惯、生活习惯和行为习惯,形成文明乡风、良好家风、淳朴民风,为实施乡村振兴战略提供强大的精神动力。

(四) 文化振兴助力"治理有效"

乡村振兴,有效治理是基础。党的十九大报告提出"健全自治、法治、德治相结合的乡村治理体系",这是在乡村治理方面提出的新要求。德治是乡村治理的支撑，实现德治，必须培育和弘扬社会主义核心价值观，发展社会主义先进乡村文化，塑造与时代要求相适应的新的道德标准，大力倡导移风易俗，用诚信、友善、孝德净化乡村，营造风清气正的淳朴乡风。

（五）文化振兴助力"生活富裕"

乡村振兴，生活富裕是根本。实现生活富裕，首先要不断提高农民的收入水平和生活水平，通过加大对农民的培训，提高农民的科学文化素质，拓宽农民的增收渠道。

四、繁荣乡村文化，助力乡村振兴

（一）打造乡村振兴的文化名片

乡村往往有得天独厚的自然资源与独具特色的地域文化。乡村文化是乡民在长期的劳动生产实践中孕育形成的文化，表现在生产生活的方方面面。这些文化具有一定的可识别性，表现在方言、工具器物、建筑样式、生活习俗、戏曲民谣等方面。乡村文化在历史的发展中是民众共同的文化记忆，继承和发展富有地方特色的乡村优秀传统文化，捍卫乡村记忆，就是延续文化的根脉。因此，要通过各种方式继承乡村文化，并对其进行创造性转化和创新性发展，使风格各异的乡村文化成为美丽乡村建设的亮丽名片。深入挖掘乡村文化的精神内涵和现代意义，保留有历史文化价值的传统村落和居民，抢救保护重要的民间文化遗产，蓬勃开展乡村文艺活动，让乡村文化展现出绚丽的色彩。创造条件使更多的人特别是年轻人愿意回到乡村，投身于乡村文化事业发展中，不仅重新打造美好的文化记忆，而且利用网络等新媒体把自己家乡的优秀文化传播出去，让乡村文化走向世界。

（二）利用乡村文化要素创建新兴业态

在现代农业发展理念的影响下，把乡村文化元素纳入农村产业发展的过程中，从而创造出适合农村发展的新型业态，既弘扬优秀乡村文化又实现富农惠农。例如，将耕读文化打造成新的人文景观。"耕读传家"曾是古代殷实的农家所追求的一种理想生活方式。乡村可以把悠久的耕读文化与现代旅游观光业结合起来，利用乡村的历史建筑和文化名人等元素打造耕读文化的人文景观，吸引城市人群旅游参观，使他们直观地体验和感受中国历史和传统文化的发展过程。这既有利于乡村旅游产业的发展，也为城市居民提供了踏上怀乡之旅、追寻故园记忆的美好路径。

加强规划引导、典型示范，挖掘培养乡土文化本土人才，建设一批特色鲜明、优势突出的农耕文化产业展示区，打造一批特色文化产业乡镇、文化产业特色村和文化产业群。大力推动农村地区实施传统工艺振兴计划，培育形成具有民族和地域特色的传统工艺产品，促进传统工艺提高品质、形成品牌、带动就业。积极开发传统节庆文化用品以及武术、戏曲、舞龙、舞狮、锣鼓等民间艺术与民俗表演项目，促进文化资源与现代消费需求有效对接。推动文化、旅游与其他产业深度融合、创新发展。

（三）利用乡村文化助推农村精神文明建设

实施乡村振兴战略，要坚持农业农村优先发展，按照产业兴旺、生态宜居、乡风文明、治理有效、生活富裕的总要求，加快推进农业农村现代化。在这个过程中，乡村精神文明建设尤为重要，积极健康的乡村文化不仅能够增强农民对美丽家园的认同，而且能够提升建设乡村的积极性、主动性，使他们更加关心乡村集体事业，愿意为建设美丽乡村贡献自己的力量。这对于增强农村集体主义精神，健全自治、法治、德治相结合的乡村治理体系将起到不可替代的作用。具体来说，一要扎实推动农村移风易俗，创新乡贤文化，树立鲜明的道德导向和价值标杆；二要扎实开展文明家庭创建活动，建设良好的家风家训，以家风家训带动村风民风建设，把文明家庭建设作为改变乡村文明环境的重要抓手；三要深入实施文化惠民工程，通过各种形式为农民提供更高质量的文化产品和文化服务，不断满足农民日益增长的美好生活需要，从而推动农村精神文明建设迈上新的台阶。

第三章

乡村文化的内涵、特征与价值意蕴

一、乡村文化的内涵与特征

（一）乡村文化的基本内涵

乡村文化是依赖象征体系和个人记忆而维护着的社会共同经验，是社会共同经验的累积，是集宗教信仰、宗祠文化、家族文化、生态文化、农耕文化、易学风水、民俗民风、耕读文化、孝文化、空间布局、地域差异等组成的村落美学精神。乡村文化是同乡民众在本域长期生产、生活实践中形成的共同的生活方式与观念体系。

乡村文化是一个自在的体系。乡村文化是乡民在本土熟人空间经年累月知行合一而形成的自在体系，是人与人、人与家庭、人与社会（组织）、人与自然等关系的结构化体系。简而言之，乡村文化是建立在以乡民为主体的行为逻辑之上的社会实践活动的结晶，媒介作为文化体系的一部分在动态化升级的过程中参与其中，而非自在体系的原始要素。可见，乡村文化是一种远离工具理性、都市流行文化的自在文化群落，是《桃花源记》中所描述的村民"自得其乐"的文化体系。

乡村文化是一个自为的结构。"文化自为是文化主体以自觉的意识或思维方式去体认和建构文化的自觉的生存状态。"乡村文化是自在的主体——乡民，根据文化自适的需求，将空间要素包括本域媒体按照文化生产关系建立的一种自治结构。该结构具有鲜明的本土性、自觉性和建设性。本土性指该结构是在本乡物质基础（如自然环境条件、媒介等）上建构的适于本土民众生产生活需求的结构。自觉性是指该结构的内涵及规律只有本乡民众能够领会，可谓"不足为外人道也"。乡村文化的建设性即本乡本土文化作为乡民生存的精神支柱需要在世代传承与发展中得到建构与确认，在与时俱进中完成内核的自洽。因此，乡村文化是"文化主体由非意识性到意识性、由被动适应性到主动引领性的发展过程",是一个自为的文化结构。

乡村文化是中国传统文化的重要组成部分,乡村是传统文化的根基所在,是中华民族的灵魂和血脉所在。总体上,乡村文化为乡村生活赋予了价值和乐趣,使得人们愿意在乡村生活和劳作,形成了安于农村生活的习俗,由此创造了丰富灿烂的农耕文明。乡村文化对世界文明进程作出了不可估量的贡献。可以说,乡村文化是中华民族文化的根和脉。样态丰富的乡村文化使中华民族拥有了活力无限、源远流长的强大基因库。乡村文化在历史的长河中除了不断为中华民族提供丰富的精神滋养,还留下了曲阜"三孔"(孔府、孔庙、孔林)、万里长城、中国大运河等众多古迹,古琴艺术、木版年画、剪纸等丰富的非物质文化遗产,以及散落全国各地独具特色的传统村落、民族村寨、传统建筑、农业遗迹、灌溉工程遗产等。乡村文化既是一方水土独特的精神创造和审美创造,又是人们乡土情感、亲和力和自豪感的依托,更是永不过时的文化资源和文化资本。乡村文化成为一种时尚文化,人们把乡村文化作为一种情结,作为重要的文化资源和文化资本。春节庙会、清明祭祖、端午赛龙舟、重阳登高等传统民俗活动日渐兴起,展现了乡村文化旺盛顽强的生命力。

美丽乡村建设蓬勃兴起,传承乡村文化、保持乡村特色成为一致共识,一批批文化底蕴深厚、充满地域特色的美丽乡村在全国各地不断涌现。景德镇陶瓷、淄博琉璃、潍坊风筝等乡村工艺品以及泰山皮影、日照农民画等乡村民间艺术纷纷走出国门,中国乡村文化正以更加自信的步伐走向世界,受到世界人民的广泛赞誉。乡村文化是乡愁的重要载体,也是乡村振兴源源不断的精神动力。春节是乡村文化凝聚而成的重要传统节日,也是中国人乡愁最浓的时候。习近平总书记多次强调要"记住乡愁",乡村文化就是乡愁最重要的载体。

(二)乡村文化的特征

1. 乡土性

费孝通说:"从基层上去看,中国社会是乡土性的。"乡土性正是乡村文化最基本的特征。"此乡此土"孕育了"斯人斯文",带给生于斯、长于斯的人们独特的文化记忆和感受。家乡的土地不仅养育了千千万万的民众,而且造就了乡民淳朴、厚重的品格以及乡村与自然共生的和谐生态,所以中国人热爱自己的故土,不愿随意迁徙。《汉书·元帝纪》说:"安土重迁,黎民之性;骨肉相附,人情所愿也。"异乡漂泊,带来的不仅仅是地缘陌生化,还会有更深层次的心理陌生化,所以"思乡""归乡"就成了中华民族精神中极为沉重的一个特质。虽然当代农村城市化进程迅速推进,但与现代化程度较高的城市文化相比,乡土性仍然是第一属性。

2. 地域性

地域性指该结构是在本乡物质基础（如自然环境条件、媒介等）上建构的适于本土民众生产生活需求的结构。所谓"五里不同风，十里不同俗"，中国乡村由于地理形势差异、人口迁徙、历史沿革等原因造就了风俗传统不同，乡情、乡风差异极大。不同乡代表着不同地域和族群的不同生活状态，小到吃食，大到习俗，每个乡村都有自己独特的文化，少数民族地域特色更加鲜明。

3. 传统性

作为传统文化的重要组成部分，乡村文化是在承继传统的基础上逐渐发展起来的，较好地保留了传统文化的特质和精华，反映着民族的性格或精神，如一些民族地区的艺术文化（音乐、舞蹈等）、建筑文化、服饰文化及饮食文化等。乡村文化是一个可持续发展和传承的体系，是一个结构化、动态化的演进过程，这些都体现了乡村文化的传统性。

4. 稳定性

随着城市的现代化进程加快，逐渐扩大的城市环线缩短了城市内部乃至城市与郊区的距离，但是乡村与乡村的界限并没有随之削弱，村与村之间的空间距离仍然存在。相对独立稳定的环境导致各自的文化也具有相对的稳定性，内聚力强，对外来文化具有较强的排斥力和抗干扰能力，不会轻易发生剧变。其来有自、传承久远的乡村文化，熔铸成了中华民族的印记，成为中国人民砥砺前行的最为基础的精神特质，也成为异乡生活的人群聚而不散的精神根系。概而言之，乡村文化振兴就是挖掘乡村文化在当代仍有生命力的思想观念、人文精神和道德规范，全面推动乡村文化的创造性转化与创新性发展，使其成为实现乡民美好生活的精神依托和全面建设小康社会的智慧源泉。

二、乡村文化的价值意蕴

（一）乡村文化的价值内涵

乡村文化价值是指乡村文化的积极意义。乡村文化价值不仅对乡村的建设有益，还对全社会文化乃至社会各个领域产生基础性的重要影响。

1. 价值认同是乡村文化传承接续的精神内核

中国农业文明延续几千年，形成了拥有丰富内涵的乡村文化。乡村是中国古代先民繁衍生息的场所，是乡民世代延续与谋求发展的物质依托，几千年以来形成了一种深植于经年累月历史发展的文化特质——乡村文化。这种价值认同凝聚人心、汇聚力量，使"民心"牢牢系在家乡的土地上。对乡村文化的价值认同使乡村文化得以传承接续，维系着乡村的和谐稳定。乡村文化认同是农民对乡土文化的确认与接受，是对乡村生活方式、文化行为、思维模式的认可与遵守，正是这种认同维持了乡村的社会秩序，维护了乡村自然和文化生态的和谐安定，使得乡村文化绵延千年。由此可见，乡村文化中的价值认同是乡村文化得以传承接续的精神内核。

2. 丰富多元是乡村文化繁荣进步的内在动力

乡村文化是乡村社会在漫长的农耕岁月中，凭借其特有的地域特点、景观特色和存在方式综合发展而来的。地域、生产、生活方式的差异，使得乡村文化形式多样且各具特色。例如，黄土高原地域的乡村文化古朴醇厚，北方草原地域的乡村文化豪迈奔放，藏文化神秘自在等。而在内容上，乡村文化又可以分为民风民俗、典章制度和生活器物等类型。民风民俗表现为各地方的方言、讲究，以及礼仪庆典、手工技艺等；典章制度表现为传统的信奉和宗教活动，例如，庙会、祭祀等；生活器物表现为田地、建筑、家院等。因此，丰富多元是乡村文化与生俱来的基本特点，是乡村文化重要的价值内涵。它既是乡村文化繁荣进步的根源，又是农耕文明传承创新的基础，也是中华传统文化源远流长的动力，更是中华文化面向世界、面向未来的自信之本。中华民族几千年的农耕文明能够延续不断，其中不竭的动力源自乡村文化多元化、多样性的特点。在中国特色社会主义乡村振兴的道路上，丰富多元仍然应处于乡村文化价值内涵中重要的、基本的位置。

3. 融合发展是乡村文化创新再生的科学途径

中华民族世代以土地为生，形成了历史悠久、享誉世界的农耕文明。先民们在"男耕女织"的自然经济中依赖土地生存下来，形成一整套系统完备的农耕技术以及适合农业生产的礼俗制度、价值观念、风俗习惯等，这种文化指引乡民安居乐业。这是生产方式与文化相互作用、相互影响、相互促进的融合发展。融合发展贯穿整个农耕文明，在不同历史阶段催生出既有传承又有不同的乡村文化，不断丰富发展着乡村文化的价值内涵。例如，乡村土地产权制度是古代农民利用土地的过程中创造总结出来的一种制度文化，而后又反作用于农耕经济的发展，有效提高了土地的利用效率，优化了资源配置。融合发展给予了乡村文化不断发展的力量，是乡村文化创新再生的科学途径。

发展乡村文化对乡村振兴战略有着积极的推动作用，开展乡村文化振兴行动，提升农民文明素养，有助于牢固乡村振兴的根本。要推动乡村文化振兴，加强农村思想道德建设和公共文化建设，以社会主义核心价值观为引领，深入挖掘优秀传统农耕文化蕴含的思想观念、人文精神、道德规范，培育挖掘乡土文化人才，弘扬主旋律和社会正气，培育文明乡风、良好家风、淳朴民风，改善农民精神风貌，提高乡村社会文明程度，焕发乡村文明新气象。

（二）推动乡村文化繁荣兴盛的重要意蕴

1. 推动乡村文化繁荣兴盛是农村全面建成小康社会的必然选择

习近平总书记强调，一个国家、一个民族的强盛，总是以文化兴盛为支撑的，中华民族伟大复兴的中国梦，全面建成小康社会离不开文化的繁盛发展。全面建成小康社会是实现中华民族伟大复兴中国梦的关键一步。"小康不小康，关键看老乡"，农村已成为中国全面建成小康社会的重点领域。乡村文化建设是乡村振兴的重要领域，是新时代我国文化发展的主战场。推动乡村文化繁荣兴盛，直接关系到全面建成小康社会，关系到整个国家文化强国建设的进程和水平，关系到国家现代化进程。

2. 推动乡村文化繁荣兴盛是实施乡村振兴战略的现实要求

改革开放 40 多年来，在各级政府的重视和领导下，乡村文化建设取得了不少成果。但是，乡村文化在城镇化、工业化的进程中出现了不同程度的衰弱。把乡村文化振兴行动与乡村经济发展、社区公共服务体系构建和生态环境保护结合起来实施，这不仅是"抓重点、补短板、强弱项"的重要举措，更是解决城乡文化不平衡不充分发展矛盾的重要抓手。

3. 推动乡村文化繁荣兴盛是顺应广大农民美好生活需要的新期待

文化兴国运兴，文化强乡村强。要坚持农业农村优先发展，按照产业兴旺、生态宜居、乡风文明、治理有效、生活富裕的总要求，着力解决好城乡发展不平衡不充分问题，大力提升发展质量和效益，更好地满足农民群众的期待，更好地推动人的全面发展以及社会的全面进步。

第四章

三省典型市县乡村文化传播现状调研

本研究课题组走访了河北省邯郸市，山西省临汾市、运城市和晋中市，广东省惠州市，进一步了解当地的乡村文化发展，重点调研考察当地的非物质文化遗产。

一、河北省邯郸市

邯郸市位于河北省南端，因邯山至此而尽得名，其西依太行山脉，东接华北平原，位于晋冀鲁豫四省要冲和中原经济区腹地，总面积约 1.2 万 km^2。邯郸市现辖 6 个区（丛台区、复兴区、邯山区、峰峰矿区、肥乡区、永年区）、1 个县级市（武安市，代管）、11 个县（鸡泽县、邱县、曲周县、馆陶县、涉县、广平县、成安县、魏县、磁县、临漳县、大名县）以及冀南新区、经济技术开发区，全市共有 135 个镇、77 个乡和 30 个街道。

（一）广府古城

广府古城即广府镇，也称作城关镇、永年城或广府城，隶属河北省邯郸市永年区，位于区政府驻地临洺关镇东南 25 km 处，是杨氏、武氏太极拳的发祥地，2007 年入选第三批中国历史文化名镇。广府镇地处太行山东麓、华北平原南部，自古为兵家必争之地，是河南等中南部地区通向北京的重要交通枢纽，区域交通十分便捷。目前广府镇下辖 28 个行政村。历史上广府镇先后为曲梁县、广平郡、武安郡、洺州、永年县、广平路、广平府驻地。春秋时谓曲梁，距今已有 2 000 多年的历史。曲梁的"曲"字意为弯曲，"梁"字本意为水堤，因洺水环绕、堤围其周而得名。可见广府自古就与水有联系，是河宽地阔的河谷地带。据记载，古代广府周围曾有洺河、漳河、滏阳河、牛尾河流过，其中洺河和滏阳河对广府的作用最大。

广府古城的非物质文化遗产主要为太极拳。广府古城是太极拳的发祥地之一。当今太极拳五大流派（陈氏、杨氏、武氏、孙氏、吴氏）中，杨氏、武氏太极拳均诞生于广府，此外还衍生出孙氏和吴氏两大太极门派。自清朝中叶至今，海内外享有盛誉的太极拳宗师杨露禅、武禹襄，太极大师杨澄甫、傅钟文、郝为真等都与此地有密切关系。百余年来，广府古城拳风不败，尚武者众多。永年区被国家体委①命名为"武术之乡"，广府古城被中国民间文艺家协会授予"太极拳之乡"等称号。永年太极拳以其舒展飘逸、浑圆深沉、动静有度、刚柔相济等特点和祛病益寿之功效，受到越来越多海内外人士的喜爱。2006年，杨氏传统太极拳被列入第一批国家级非物质文化遗产名录。同年，武氏传统太极拳被列入河北省第一批省级非物质文化遗产名录。

（二）涉　县

涉县位于太行山东麓、河北省西南部，晋冀豫三省交界处，隶属河北省邯郸市。涉县县域面积约为1 509 km²，辖9个镇（涉城镇、河南店镇、索堡镇、西戌镇、井店镇、更乐镇、固新镇、西达镇、偏城镇）、8个乡（神头乡、辽城乡、偏店乡、龙虎乡、木井乡、关防乡、合漳乡、鹿头乡）及1个街道，共308个行政村。县政府驻地为涉城镇。

涉县的非物质遗产包括传统手工艺和民俗活动。

1. 传统手工艺

涉县的非物质文化遗产非常丰富，有众多的传统手工艺。各传统村落中的妇女心灵手巧，能绣鞋垫、做老虎鞋与动物枕头等，女红作品在民俗生活中有着鲜活的呈现并各有讲究，例如，出嫁姑娘的结婚鞋垫大多使用红、黄色，传统围案有龙凤呈祥、孔雀戏牡丹等。纳布底鞋也是村民们常做的手工。村民们在布中间抹上糨糊，将若干层压在一起并晒干，然后剪成不同的鞋样，用麻线一针一线纳成鞋底。这样做的布鞋透气、舒适且轻便。

编草席是涉县赤岸村较为传统的手工技艺。秋后村民将芦苇秆从清漳河水地割回来，将圆秆从中间劈开，用石碾将秆压成片，用不同的方式将芦苇片编织成大片的芦苇席，用来铺炕。心灵手巧的村民们还利用玉米皮编织各种垫子。

2. 民俗活动

涉县的民俗活动很丰富，有社火、转九曲等。这些活动多在冬闲和春节期间举

---

① 国家体育运动委员会，简称国家体委。1998年国务院机构改革，将国家体委改组为国家体育总局。

办。其中民间社火种类繁多，有高台、高跷、旱船、舞狮、舞龙、秧歌、跑马等。

转九曲　转九曲是涉县的古老习俗，每年阴历正月十四、十五、十六，涉县各个村庄的男女老少纷纷转九曲。转九曲在民间也称转灯，就是选一处较宽敞的平地，将367根柱头等距离栽成正方形阵图，将柱头与柱头按一定规则用高粱秆连接起来，各排栅栏之间留出弯弯曲曲的路，各有九道曲折。在每根柱头上各安放一盏油灯，中间柱头安放7盏油灯，叫七星灯。九曲像一个很大的城郭，九曲回廊，没有重复路径，逐个看，大城郭内又分为9个小城郭，而小城郭的门径、走向各不相同，有人便把九曲称为"九曲黄河阵"。村民们步入九曲阵，转过一圈又一圈。人们用这种传统的娱乐方式，祈求来年五谷丰登、幸福安康。同期，各村子的跑马活动也很热闹。

女娲祭典　女娲祭典指村民围绕涉县的娲皇宫祭祀女娲的所有活动。规模较大的活动一年有2次，第一次在阴历三月初一到十八，第二次在阴历九月初一到十五。古代政府公祭的程序和规制已失传，传承至今的民间繁祀活动主要有集中摆社祭典、分散祈禳朝拜等。2006年，女娲祭典经国务院批准被列入第一批国家级非物质文化遗产名录。

寺庙音乐　寺庙音乐用于寺庙法事和民间丧葬。其中，第一类曲谱为奏驾乐谱，用于迎佛、祭祀、送佛等仪式。演奏的乐曲又分文武两类，文佛菩萨奏《混坛》等曲，武佛菩萨奏《刀兵计》等曲。第二类曲谱为堂口乐谱，用于寺院内祭祀菩萨的仪式活动，演奏《黄金铺地》《义之真人》等乐曲。第三类曲谱为殡葬乐谱，用于殡葬仪式活动，演奏《灵前用》《祈如来》《戒食》等乐曲。

赛戏　赛戏是一种古老而原始的祭神戏剧，它与道教祭祀活动紧密地结合在一起，女娲、山神是主要的供奉对象。2007年赛戏被河北省政府列入第二批省级非物质文化遗产名录，2008年被列入第二批国家级非物质文化遗产名录。

高台　高台是一朵民间艺术奇葩，是涉县固新村非物质文化遗产的代表，它的表演内容年年出新，表现形式令人百看不厌。高台演出加上乐队伴奏和多样的文艺节目，使固新村的元宵节显得格外热闹。

哭街　王金庄村有市级非物质文化遗产——哭街。老人去世家中已出嫁的闺女、侄女等都要从娘家灵前哭起，一直哭到婆家门口，路上手扶墙根，拖着长音，一把鼻涕一把眼泪，边走边哭，声音洪亮，措辞得当，吐字清晰。邻居们一听到哭声就知道老人已去，都去帮忙煮麻糖。麻糖煮好后，闺女提着篮子再次哭着回娘家，这次哭的时间更长，走得更慢，直到返回灵前，将麻糖供给去世的长辈。凡在五辈之内的女性血亲，如外甥女、外孙女、重侄女、重外甥女、表侄女、表外甥女等都要吊丧哭街，哭街人的多少体现了去世长辈的人缘好坏。

(三) 武安市

武安市是隶属河北省邯郸市的一个县级市，地处河北省南部、太行山东麓。武安市总面积为 1 806 km²，辖 13 个镇（武安镇、大同镇、午汲镇、阳邑镇、伯延镇、冶陶镇、邑城镇、矿山镇、贺进镇、徘徊镇、康二城镇、淑村镇、磁山镇）、9 个乡（上团城乡、马家庄乡、北安庄乡、北安乐乡、石洞乡、西寺庄乡、西土山乡、活水乡、管陶乡）、1 个省级工业园区，市政府驻地为武安镇。

武安市的非物质文化遗产包括传统手工艺和民俗活动。

1. 传统手工艺

武安市的非物质文化遗产丰富，传统手工艺多样，有剪纸、刺绣、泥塑、书法等。各个村落会不定期举办传统民间手工艺大赛。这些传统手工艺多由村民自发挖掘和传承，传承人不受限制，现有多位巧手艺人，创作出来的剪纸、刺绣、泥塑等作品令人惊叹。村内的妇女心灵手巧，从小就学习刺绣手艺，女人出嫁所用的门帘，小孩的猫头鞋、虎头帽、鞋垫等，均为手工刺绣，图案大多为《丹凤朝阳》《孔雀回头看牡丹》等戏剧中的人物形象。

2. 民俗活动

武安平调、武安落子 武安平调、武安落子是武安市独有的两个地方剧种，且能同台演出，全国罕见，2006 年被列入第一批国家级非物质文化遗产名录，据初步考证，平调产生于明末清初，落子产生于明朝嘉靖年间（1522—1566 年）。武安平调行当齐全，有"四梁八柱"和"十二行"之说。武安平调乡土气息浓厚，风格淳厚朴实，传统剧目有 200 多个，以历史故事戏为主，也有些民间故事和神话故事戏，主要剧目有《天仙配》《盘坡》等。

武安落子通常与武安平调同台演出，角色、行当比较齐全，主要有小旦、青衣、小生、小丑、老生，缺少花脸、武丑。历史上，小生、小旦分工不严格，常常互相兼演。武安落子传统程式很少，舞台美术、服装道具较简单，唱腔旋律简单，既能叙事又能抒情，使用武安方言，庄谐兼重，常常妙语连珠，具有强烈的太行山区乡土气息，代表剧目有《端花》等。

固义傩戏 武安市冶陶镇有较深厚的历史文化底蕴，所辖固义村的固义傩戏是其世代流传、具有浓厚民间传统特色的群众自发演出的节目。固义傩戏的发现打破了"黄河以北无傩戏"的说法，它不仅是固义人的骄傲，同时也是世界的宝贵文化遗产。武安傩戏最早出现在夏商时期，俗称假面戏。它不像其他剧种那样画脸谱，而是以面具塑造人物的艺术形象。傩戏在全国很多地方都有，据说源于原始社会图腾崇拜的傩祭，极具原始舞蹈风格，历史上曾一度发展成既娱神又娱人的巫歌傩舞。傩戏作为历史、民俗、民间宗教和原始戏剧的综合体，蕴藏着丰富的文化基因，也具有重要的研究价值，被称为人类文明发展的"活化石"。2006年，武安傩戏被列入第一批国家级非物质文化遗产名录。

先进街舞狮 先进街舞狮是武安市伯延镇代代相传的民间花会保留节目，村民们制作的狮子逼真彪悍，舞狮人舞动泼辣、技巧新奇，该节目多次在武安市会演中获奖。

柏林抬阁 柏林抬阁是武安民间在元宵节表演的一种古老的节目。抬阁的形式多种多样，主要是将表演者举在高空，来展示抬阁上角色的风采，一般无伴奏音乐。柏林抬阁在武安的柏林、土山、武家庄、前李甲和后里甲等村落均享有盛名。

朝阳沟戏曲 武安市朝阳沟村有自己的戏曲文化，是经典豫剧《朝阳沟》的创作原型地，剧中拴保、银环等人物原型的住宅目前保存良好。同时朝阳沟村也是著名豫剧编剧、导演杨兰春的故乡。正是因为一部几十年经久不衰的《朝阳沟》，才让朝阳沟村有了今天的美誉。

安子岭社火 安子岭社火过去曾闻名全武安，社火内容包括抬阁、舞龙、高跷、秧歌、竹马、旱船以及戏剧艺术表演等。

（四）峰峰矿区

峰峰矿区属邯郸市辖区，位于河北省南部、太行山东麓，地处晋冀豫三省交界地带。全区面积353 km^2，辖9个镇（临水镇、峰峰镇、新坡镇、大社镇、和村镇、义井镇、彭城镇、界城镇、大峪镇）、1个乡（西固义乡）、1个街道，有157个农村社区、41个城市社区。峰峰矿区内现有名胜古迹120多处，其中有南北响堂石窟、磁州窑遗址、玉皇阁和水浴寺4处国家级重点文物保护单位，22处省市级重点文物保护单位，北齐石窟文化和磁州窑文化被列入邯郸十大文化脉系。磁州窑烧制技艺、苇子灯阵被列入国家级非物质文化遗产保护名录，16项非物质文化遗产被列入省市级非物质文化遗产保护名录。

峰峰矿区的非物质文化遗产丰富，涵盖传统手工技艺，民俗、传统戏剧、民间文学等。区内的传统村落有苇子灯阵、大社面塑、落子戏等国家级、省级、市级非物质文化遗产。传统手工技艺有金村粉条、皮渣制作技艺，豆腐、豆腐干制作技艺以及熏肉、熏鸡蛋制作技艺。民俗有和村三饭、民间花会、元宵灯会、阴历四月初八金村庙会。传统戏剧有武安平调。民间文学有金村传说、地方歌谣和地方谚语等。

皮渣 在古代，人们吃完粉条后总是会留下许多碎粉条，如果用来做菜则难以夹食，于是当地人便将这些碎粉条收集起来，加上其他的配料蒸成冻状再切开食用。后来，皮渣成为这里的特色食品，现有肉皮渣、素皮渣等多种类型。

和村三饭 和村三饭是明朝皇宫御宴真传，它讲究营养、味道和色泽，将山珍海味与地方特色合为一体。三饭的主食以蒸馍、大米饭、烧卖为主，汤菜为"五荤四素三碗汤，最后一碗利口菜"，共十三碗。坐三饭席，特别讲究礼节，座位有主次、长幼、大小、内外之别，这些都反映了金村传统的社交礼仪文化。

（五）肥乡区

肥乡区隶属河北省邯郸市，东与广平县交界，南与成安县相连，西与邯山区接壤，北与丛台区、永年区、曲周县毗邻，总面积 503 km²。邯郸市肥乡区下辖 9 个镇（肥乡镇、天台山镇、辛安镇、大寺上镇、东漳堡镇、毛演堡镇、元固镇、西吕营镇和北高镇），区政府驻地为肥乡镇。

肥乡区的非物质文化遗产包括柳子腔戏、剪纸、木版年画等。

柳子腔戏 又名柳子戏，俗称"蛤蟆嗡"，肥乡天台山镇的柳子腔戏在剧情内容、唱腔念白、形体动作、音乐伴奏等方面均有鲜明的艺术特色。柳子腔戏为地方小戏，于每年 2 月和 8 月，递相演唱，农叟渔父聚以为欢，家家户户邀请亲朋好友来村里看戏。天台山村建有一座戏楼，专供唱戏所用。至今，天台山村柳子戏艺人卢世杰、孙琛等仍健在，孙琛年近九旬，歌喉不减当年。镇里常唱的剧目有《五鬼闹判》《杜十娘》等。

剪纸 天台山的剪纸艺术源远流长，家家户户过年剪窗花，至今"鞋样"仍是最实用的剪纸品。王崔氏是天台山村出了名的剪艺师，她剪出的作品非常秀美，她的作品《祖国万岁》《愚公移山》等被文物部门收藏。

木版年画 李家木版年画始于明洪武年间（1368—1398 年），代代有传人。木版年画品样齐全，有 100 多种，模版原是清朝李家祖上遗留，均用梨木雕刻，线条细腻，色彩丰富，栩栩如生。每逢年关，李家便刻印年画。这些年画品种齐全、印刷清晰，深受村民喜爱。

（六）磁　县

磁县位于河北省最南端，西临涉县，北靠峰峰矿区等地，东临临漳县，南接河南安阳，雄踞中原腹地，为晋冀鲁豫四省通衢，历史上曾因临滏水取名"临水县"，因盛产磁石而得名"磁州"。磁县是中国磁州窑文化的发祥地。2016 年邯郸市部分行政区划调整，涉及磁县 7 个乡（镇）123 个行政村。区划调整后，磁县共有 11 个乡镇

(讲武城镇、黄沙镇、磁州镇、观台镇、岳城镇、白土镇、路村营乡、陶泉乡、时村营乡、都党乡、北贾璧乡)，262个行政村。

悠久的历史积淀了深厚的传统文化，磁县的非物质文化丰富，主要有武术、民间秧歌与高跷、传统戏剧与舞蹈、送灯盏等文艺活动，还有手工纺织、制衣、编织、剪纸、绘画、书法、泥塑、雕刻等传统工艺，以及传统小吃（如豆腐、粉条等）制作。

手工纺织　纺织这一古老的传统手工艺在磁县很多乡镇仍在延续。织布机是制作老粗布的一种传统木制机械。村民先将棉花纺成棉线，再经过多种工序，穿梭带线，织成宽窄薄厚不同的老粗布。另外，村民们还擅长手工，他们缝制的手工艺品相当精美。

石雕　磁县南王庄村的石雕技艺始于明代，现代石工巧匠传承人杨照亮传承了石工技艺，雕刻的屏风、雄狮、石像等线条流畅，形象逼真。

书法　南王庄村的书法也是该村的一大特色。清末童生王清安书写的楷书，字迹清秀，结构严谨。现代名笔王美强书写的草书行云流水，笔力遒劲，变化万千。

送灯盏　磁县北王庄村有送灯盏的习俗，一般在每年正月十六晚上送灯盏。人们在各个街口人多的地方搭过街灯（也叫灯盏棚），灯盏棚上点满灯盏，灯火通明。

四股弦　磁县北岔口村的民俗文化主要为四股弦。1940年，该村成立了磁县第一个县级的北岔口四股弦剧团。该剧团演出了很多优秀的剧目，如《血泪仇》《刘胡兰》《白毛女》等。该村四股弦于2009年被磁县人民政府列入非物质文化遗产保护名录。

二、山西省临汾市、运城市和晋中市

(一) 尧文化（根祖文化）

1. 尧文化的内容

人类文化现象都有其发生发展的规律，尧文化也不例外。临汾，古称平阳，历史悠久，文化底蕴深厚。司马迁的《史记·五帝本纪》中记载"唐帝尧元年，帝自唐侯践天子位于平阳"。千百年来，临汾人无不以此为荣。除了《史记》《尚书·尧典》等历史文献外，更有大量相关的历史遗存，其中尧庙、尧陵等始建年代均在千年以上。在洪洞县一带有着延续4 000多年的"接姑姑、迎娘娘"的民俗活动，如同历史的活化石。2000年末，临汾市区经国务院批准更名为尧都区，南北主干道上更是竖起了"华夏第一都"的牌坊。真正的"尧都"具体位置在临汾市襄汾县的陶寺遗址。陶寺遗址为惊世之现，其聚落形态、社会形态以及文明程度等，都为"唐尧帝都"

的存在提供了确凿的考古实证，终于使平阳大地上的神话传说变成了史实。因为陶寺遗址是帝尧遗存，所以临汾人习惯地称陶寺文化为尧文化。

尧文化，从文化生成的角度看，是指帝尧带领上古先民所创造的物质和精神财富；从文化延续的角度讲，是指数千年来植根于平阳大地、承载着尧文化信息的思想、政治、文化等方面的成果。其包含的内容十分广泛，主要有文物遗迹、科学技术、思想观念、伦理道德、教育礼仪，还有文学艺术等，而陶寺遗址则是尧文化的主要物质载体。广义的尧文化是指中国历史上辉煌的上古文化，是中华民族的源头文化。换言之，尧文化即通常所说的根祖文化。尧文化源远流长，博大精深。其内涵主要有4个方面。一是协和的统一思想：平章百姓，协和万邦，开创最早"中国"。二是古老的科学意识：发明文字，开凿水井，钦定历法，推动农耕文明。三是拙朴的民主政治：设立诽谤木，选贤任能，实行禅让制度。四是可贵的创新精神：带领华夏民族从原始社会步入文明社会。

尧庙是中国首座国祭帝尧以及民祭尧、舜、禹3位中华民族先祖的庙宇，俗称"三圣庙"。4 300多年前，尧定都平阳，划定九州，钦定历法，广凿水井，推进农耕，实行禅让，教化民众，协和万邦，奠定了中国最早的格局。尧被尊为"五帝"之一，是中华民族上古文明的开创者，为中国第一部史书《尚书》的开篇所记载的帝王。斋庙始建于西晋，距今已有1 700多年的历史，每年正月民间的庙会是临汾的传统节日。尧庙位于临汾城南4 km处，现有广运殿、虞舜殿、大禹殿、五凤楼、寝言、尧典壁廊、尧字壁廊祭祖堂、仪门、钟楼、鼓楼、尧井以及"龙凤之脉"等景观。为国家4A级旅游景区。临汾市常态化开展"着汉服 循古礼 拜帝尧"文化活动，并可预约举办祭拜活动。

尧庙外观

2. 打造临汾"三尧"文化品牌

临汾市政府与有关部门使考古成果转化为社会效益，把观瞻考古成果与参与体验、民俗游览、休闲度假、农业观光结合起来，展示先祖的辉煌，打造当代的精神家园。支持临汾打造"三尧"文化品牌。借鉴山东曲阜"三孔"（孔府、孔庙、孔林）的做法，临汾拟打造出"三尧"（尧庙、尧都、尧陵）的文化品牌。创建全国一流的集文物保护、祭祀拜谒、休闲娱乐于一体的文化旅游胜地。首先，临汾市应把尧文化产业的发展列入省市县各级经济、社会、文化发展的总体战略，制定出近期和中长期发展规划。尤其临汾市应把尧文化作为全市文化旅游业的龙头，作为重中之重，切实抓出成效。其次，在推动文化旅游的同时，要加大尧文化产品的开发力度。如制作以尧文化为内容的动画片、歌舞剧、电视纪录片，以及通俗读物、乡土教材等。在这方面已经做了很多工作，如编撰了一批尧文化专著和刊物，编排了音乐舞蹈史剧《尧颂》，有关县（市、区）都举办了大型节庆活动。此外，在中国社会科学院和中国先秦史学会的指导下，在临汾市设立尧文化研究中心，省市两级财政拟对尧文化的研究与开发予以必要的资金支持，同时，可以着手建立尧文化研究与开发基金，积极吸纳社会资金参与。

（二）丁村文化

丁村位于山西省临汾市襄汾县，丁村文化以丁村旧石器文化遗址和丁氏家族为代表。

1. 丁村旧石器文化遗址

丁村旧石器时代文化遗址是1953年发现的。1954年的发掘，收获丰硕，共得到石制品2 005件、人牙化石3枚、哺乳动物化石28种、鱼类化石5种、软体动物化石30多种。在100号地点上部沙层中所发现的3枚人牙化石，经研究，属于"古人阶段"的人类，通俗地称为"丁村人"。在发现的2 000多种石制品中，以角页岩制作的石片石器为主体，类型有砍砸器、刮削器、小尖状器、三棱大尖状器、多边形器以及手斧、石球等。丁村发现的石器，都比较粗大，还有最具特点的三棱大尖状器，是丁村文化中的代表器物。在当时，其特点与中国已知的旧石器文化有明显不同，故被定名为"丁村文化"。丁村文化是中华人民共和国成立后在旧石器考古领域的首次重大发现，它使人们认识到在同一时代的不同地区存在着不同的文化类型。从丁村人及其文化的性质以及哺乳动物化石、地质、地层、生活环境等各方面综合判断，丁村遗址的时代处于人类发展史中的"古人阶段"或在旧石器文化中期，即历史上承上启下的更新世晚期早一阶段。1976年，在中国科学院古脊椎动物与古人类研究所参加，由山西省考古研究所、临汾地区文化局、襄汾县文教局共同组队进行的丁村遗址100号地点抢险发掘中，又于丁村人牙化石产出层位发现了一块幼儿右顶骨化石。后经1977—1988年的继续勘察与发掘，又找到了13个新的地点并出土了一批重要文化遗物和动物化石，尤其是发现了比丁村时代早的旧石器文化地点，以及柴寺77:01号地点发现的既有典型丁村文化内涵又有典型细石器特征的别具一格的文化，具有重要意义。如今的丁村遗址已是包括27个地点，地域广及汾河两岸，11 km长、5 km宽，既有人类化石又有大量石器和动物化石的中国旧石器时代重要遗址群之一。这些重要发现，表明丁村遗址并非单一的旧石器时代中期文化遗址，而是包括旧石器时代初期至晚期的有连续文化蕴藏的大型遗址群，大大地丰富了丁村文化的时空内涵，这在全国也是罕见的。1961年，国务院将丁村遗址公布为全国重点文物保护单位。丁村遗址群内发现的石器，从中更新世晚期到更新世晚期的十几万年乃至几十万年前，其文化性质均显示出明显的一致性，是以大石片、三棱大尖状器、斧状器、石球等典型器物为传统纽带的一种区域性文化，即丁村文化。根据最新研究结果，丁村文化已不是1958年所说的仅限于旧石器时代中期的文化，而是包括了旧石器时代早、中、晚三个阶段。内涵比1958年有所扩充，其特点是：砍砸器不发达；三棱尖状器是代表性工具；斧状器较为发达；有先进的锯齿刃器、凹缺刃器、修背石刀和双阳面石刀；掌握了双阳面石片打制技术。

2. 丁氏家族

丁氏先祖开始营建丁村的年代确切说应在元末明初。现存丁村建筑最早题记的是村西"三义庙"，据明万历年间（1573—1620年）重修时的题记为"大元至正二年（1342年）创建"。从丁村发掘的3座元代墓葬看，有姓任者，有姓阴者，但未见有丁姓者。根据丁氏十一世孙丁比彭撰修的清乾隆十九年（1754年）家谱曰："始祖以一身而兴此户口之繁，非积累之厚，何以枝茂流长若斯也！"可见，丁氏在明初，尚属势单力薄、人口较少的外来户。家谱中还说，"中州襄邑城内以及乡庄，有十余家与余有宗谊之亲，至今称好，其余虽有，并未识面。"由此可以设想，山西丁村的丁氏其中一支，应为河南襄城县丁姓迁来，时间在元末明初。因而尽管历时300余年，至清朝乾隆年间（1736—1795年），仍与河南襄城丁氏保持着"宗谊之亲"。迁来的第一代始祖丁復，一身"单帮"扎下根来。靠自己的苦干，使家族壮大起来，并于明初永宣时期（1403—1435年）开始营建丁村，经几年的努力创建了丁村，繁衍后代，最终使丁村的丁氏族人成为明代以后太平县望族。丁氏的出处有好几种说法，但主要的是源自姜子牙一族。丁氏家族是以家庭为基础，在同一血缘系统里由多个主干家庭和核心家庭所组成的特殊社会团体。他们共祀一祖，同祭一家，虽然组成家族的成员家庭都别居异财、另立炉灶，但他们仍住一院，遵照一定的祖制祖规和睦地生活着。丁氏家族的生计经营，随家庭经济情况的变化而变化；以清康熙年间（1662—1722年）为分界，前后分两个不同时期。自康熙上溯至明代，丁氏族人基本是以诗书继世、耕读传家，同时力求入仕为治家宗旨，他们一方面注重对子女的儒学教育，一方面又极力扩充田地，以求有饭吃、有书读、有官做。但随着家族繁荣，人口增多并且经济负担加重，清康熙年间（1662—1722年），北院、中院两近支的丁氏武字辈兄弟就多达74人，仅依靠土地收入来支撑这个庞大的家族，显然很困难。这种境地迫使丁氏族人迈出了超越诗书继世、耕读传家的传统生活方式的步伐，走上了经商的道路。从此丁氏族人进入了生计经营的第二阶段，开始走上了农官商互为依存的发展道路。

丁村民宅

（三）曲沃晋文化

曲沃位于山西省中南部，隶属临汾市，北以崇山为屏，南以绛山为障，东与翼城接壤，西与侯马毗连，史称"天府雄风，三晋重地"，素有"桐叶封唐地、三晋发端处"之美誉。县域总面积437.9 km²，辖5镇2乡，114个行政村，总人口21万人。拥有"千年古县""中国成语典故之乡""中国成语典故传承基地""全国休闲农业和乡村旅游示范县""国家现代农业示范区"等20余张国字号"名片"。境内现有历史文化遗存538处，县级以上文物保护单位179处，其中，国家级文物保护单位6处，省级文物保护单位8处。近年来，曲沃县坚持以创建国家全域旅游示范区为统揽，全方位推进文旅融合高质量发展，构建起了以"晋文化"为主线，以晋国博物馆旅游区、磨盘岭休闲农业观光区、浍河水岸风光旅游区、诗经山水旅游区、太子滩温泉度假区、桥山黄帝文化风景区以及晋园、绛园、顾园、申园共六大景区四大园林为支撑的全域旅游发展新格局，全县旅游产业规模不断扩大，产业体系渐趋完善，"诗经山水、晋都曲沃"文旅品牌的知名度和影响力持续提升。

（四）裴氏文化

裴柏村位于山西省运城市闻喜县礼元镇，其以裴氏文化而著称。裴氏家族是中国历史上一个声名显赫、业绩辉煌的名门望族，创造了举世罕见的人才奇观，源于周秦、显于魏晋、盛于隋唐，延续至今2 000余年。其间将相接武、仕宦如林、名人辈出、各领风骚。正史立传者600余人，名垂后世者千余人，先后出宰相59人、将军59人、中书侍郎14人、尚书55人、侍郎44人、常侍11人、御史11人、刺史211人、太守77人，有"一斗芝麻官"之称。裴氏名人灿若群星，彪炳史册，在政治、经济、军事、外交、文化、历史、艺术、科技等领域均作出过杰出的贡献。毛泽东、周恩来以及胡耀邦等对裴氏家族也是首肯称颂、赞扬不迭。时至今日，海内外广大裴氏后裔秉承祖上遗风美德，从行立业，各展风采，又涌现出一大批时代骄子。近年来，在山西省运城市闻喜县委、县政府的倡导下，弘扬裴氏文化，开发裴氏文化，已成为全县40万人的共识。目前，中华宰相村景区建设已列为全县重点工程项目之一。风光秀丽的裴柏村亟待进一步开发。为了展示博大精深的裴氏文化，裴柏村创建了一个文化馆——裴晋公祠，介绍了部分古今裴氏名人及其业绩，以飨观者，从而激励更多优秀人才为全面建设小康社会和实现中华民族伟大复兴共铸新的辉煌。

裴晋公祠

(五) 王家大院传统建筑文化

山西省晋中市灵石县静升镇,坐落在风景秀美的绵山脚下,依山傍水,风景秀美,有灵石"小江南"的美称。静升镇传统文化底蕴深厚,人文景观丰富多彩,"华夏民居第一宅"王家大院就坐落在镇北的黄土高坡上。春秋时,因介子推之故,与静升相连的绵山被封为介山,静升被命名为"旌善村"。隋开皇时(581—600年)改称为"灵瑞乡"。唐贞观(627—649年)以来,灵瑞乡日臻兴旺,直至元皇庆年间(1312—1313年)仍以灵瑞乡称之。到清代康熙至乾隆时期(1662—1795年),农商发达,经济繁荣,静升镇经历了第一次大规模的发展时期,从此被誉为"晋中第一镇"。据王氏家谱记载,其先祖早年从太原移居至灵石沟营村。元皇庆年间(1312—1313年),静升王氏始祖(即太原王氏第六十七世孙)王实,离开沟营村定居静升村,迄今已690余年,传28世。静升王氏从佃农起家,由农及商,又由商到官,官商并举,成为灵石四大望族之一。据《静升村王氏源流碑记》记载,明末天启年间(1621—1627年),王家已是"士者经史传家,英辈迭出;农者沃产遗后,坐享丰盈;工者彻通诸艺,精巧相生;商者逐利湖海,据资万千"。在王氏家族诸多手工产品中,以王家豆腐、王家香醋、静升辣椒酱、景福泉酒最为出名。

到过王家大院的人,都认为王家大院给人最震撼的感觉是大。其实,现在向游人开放的红门堡、高家崖堡、崇宁堡及王氏宗祠四组建筑群,共有大小院落231座,房屋2 078间,面积8万 m²,还不到王家大院总占地面积的1/3。据王家史料和现存的实物考证,明万历年间(1573—1620年)至清嘉庆十六年(1811年),静升王氏家族的住宅,随其族业的不断兴盛,在村中,由西向东,由低到高,不断延伸,渐修渐众,营造了总占地面积达25万 m²之巨的建筑群体,远比占地15万 m²的北京故宫庞大。在静升村"五里长街"和"九沟八堡十八巷"的版图里,王家至少占据了"五沟五巷五座堡"。高家崖建筑群是由静升王氏十七世王汝聪、王汝成兄弟俩修建于嘉庆元年(1796年)至嘉庆十六年(1811年),总面积19 572 m²,大小院落35座,房屋342间,其建筑特点是:继承了中国西周时形成的前堂后寝的庭院风格,均为三进式四合院。整个建筑群依山就势,层楼叠院,气势宏伟,功能齐备,门前照壁、上马石、旗杆石、镇宅石狮一应俱全,营造出奢华、严肃的气氛。现辟为中国民居艺术馆。红门堡也叫"恒贞堡",建在黄土岗上。建筑群建于乾隆四年(1739年)至乾隆五十八年(1793年),平面为长方形,四周环绕砖砌堡墙。大小院落88座,房屋834间,总面积25 000 m²。堡内一条由南向北逐渐升高的直街与东西向的横巷构成"王"字形道路网,又附会着龙的造型。现为中华王氏博物馆。崇宁堡建筑群的总体建筑与红门堡相似，堡墙高耸，院落参差，古朴粗犷，近于明代风格。崇宁堡现已辟为力群美术馆，陈列着灵石籍当代著名版画家力群先生的作品。王家大院是一座建筑与雕刻艺术高超的民居艺术博物馆。院中随处可见题材繁多、内容丰富、雕工娴熟、图案精美、匠心独具的砖雕、木雕、石雕艺术，使得满院生辉。那精巧的墙基石、石雕门框、石雕照壁、木雕翼拱集民俗、民艺于一体，既有装饰作用，又蕴含教化功能，达到了"建筑必有图、有图必有意、有意必吉祥"的境界，是建筑装饰的典范。特别值得一提的是文庙的石雕双面镂空"鲤鱼跃龙门"影壁，高 7 m，长 10 m，厚 1 m，雕刻着鲤鱼冲浪化龙的传统图案，是极为罕见的元代艺术珍品。王家大院作为我国传统建筑文化遗产和民居艺术珍品，被誉为"华夏民居第一宅""中国民间故宫"和"山西的紫禁城"。另外，还有一个流传很广的口碑——"王家归来不看院"。

王家大院大门及其家训家规

王家大院建筑群鸟瞰图

（六）平遥晋商文化

平遥县隶属于山西省晋中市。平遥古城是现今中国境内保存最为完整的一座古代县城原型，在明清时期是典型的商业重镇，是中国古代繁荣商业文化的重要代表之一。

1. 票 号

票号是专营银两异地汇兑、存放款业务的私人金融机构。票号也称汇兑庄，借鉴古代"飞钱""交子"的经验开展异地拨付、交割以及存款、放款业务，利息市场化，为大中型商号所青睐，同时，揽做捐纳、发行银票。高峰时期年汇兑总额3 800万两白银左右，存贷2 000万两白银左右，享有"汇通天下"的美誉。中国第一家票号日昇昌于清道光三年（1823年）左右由山西平遥商人李大全、雷履泰创办，前身是设于平遥城内西大街的"西裕成"颜料庄。当时平遥经营颜料业，由明代到清嘉庆年间（1796—1821年）已有250余年，且由平遥一地发展到多地，遍布全国重要商埠码头。乾隆后半期到嘉庆年间国际国内贸易的发展，引起不同城市间货币流通量增大，依靠传统运送现银的结算方式，耗时费资且极不安全，商人需要一种新型的资金结算方式，票号业应运而生，之后发展为数十家票号，并凭借着雄厚的资本，四通八达的金融网络，承揽了国内官、商及私银的汇兑、存放业务，曾一度主宰了当时的金融流通业，被西方人称之为"Shanxi Bank（山西银行）"。以"汇通天下"著称于世的票号，在中国近代史上独领百年风骚，在中国乃至世界金融史上写下了卓越的篇章。票号业曾一度执中国金融界之牛耳，并影响中国金融业近一个世纪，作为中国现代各式银行的鼻祖——日昇昌，对中华民族金融事业的推动作用功不可没。它的发展充分显示了平遥人对事物的审度能力，也表明了平遥人独有的胆量和魄力；它的辉煌，体现了平遥人的精明与才干，有力地促进了平遥整体的文化发展。

日昇昌票号及其创办者

协同庆票号地下金库，总占地面积逾300 m²，由位于地下的10孔窑洞组成，是平遥目前发现的票号钱庄金库总面积最大的一处。协同庆票号和协和信票号是同一个东家出资的联号，并且两票号共用一座院落。榆次聂店王家，是平遥协同庆票号及协和信票号的财东，王家丁清咸丰六年（1856年）与平遥王智村米家，共同投资3.6万两白银，创办了协同庆票号。王家经商发迹始于明万历年间（1573—1620年），清乾隆年间（1736—1795 年），王家进入商业鼎盛时期，民国时期家族衰落，榆次聂店王家先后 14 代人经商，共计逾 300 年，对推动山西乃至中国商业和金融业的发展，起到了十分重要的作用。

平遥协同庆票号

2. 镖　局

镖局又称镖行，是受人钱财，凭借武功，专门为人保护财产或保障人身安全的私人安保机构。镖局是中国现代保安公司的前身，主营异地货款押运、看店护院业务，又兼营异地银两汇兑、收寄信件等业务。镖局的前身起源于明代的打行，清乾隆年间（1736—1795 年），山西人神拳张黑五在北京前门外创办了中国第一家镖局——兴隆镖局。同兴公镖局位于平遥古城繁华地城，是由平遥县南良庄人王正清于清咸丰五年（1855 年）创建。王正清威震全国的武林大师，人称"面王"，其子王树茂得其真传且青出于蓝而胜于蓝，因而同兴公镖局创立之始就成为当时全国著名镖局之一。此后，随着商业经济的发展，各家镖局相继成立，为近现代商业发展及社会稳定，作出了很大的贡献。清朝灭亡后，镖局被现代警察机构及保安组织逐渐取代，淡出历史的舞台。同兴公镖局歇业于民国初年。

镖局文化

三、广东省惠州市

惠州历史悠久，地上和地下文物丰富，素有"循州旧府 粤东重镇"之称的古惠州，历来就是东江与西枝江流域的商品集散地，古时货物的运输以航运为主，东江和西枝江河道是重要的水上运输线，而处于两江交汇点的东新桥码头便成为水上重要的交通枢纽。据史料记载，在明清时期东新桥码头已成为惠州最大、最繁忙的商业航运码头。东江河对频繁的贸易活动以及城内居民的生活起到很大作用，有意无意地在码头附近一带河床留下了形形色色的文化遗存，千百年来一直逐渐地积累并随着时代变迁而静静地躺在东江水底不为世人所知。

为了抢救地方特色文物，在惠州市政府和主管部门领导的大力支持下，惠州市博物馆首次向社会征集了大量流散于社会的部分东江出水文物，文物数量之大，品类之繁多，实属不多见。它不仅丰富了博物馆的馆藏，更填补惠州出水文物的空白，对于研究惠州的历史及其社会政治、经济、文化、军事乃至生活风俗提供了非常宝贵的实物资料。

（一）惠州宗祠文化

在古代，每一位文化名人的成长，都离不开宗祠的哺育；每一个村落的繁荣兴盛，也离不开宗祠的凝聚和阐扬。惠州宗祠数量众多，据不完全统计，仍未荒废并带有文化属性的祠堂约有1 600多个。近年，第三次全国不可移动文物普查完成后，越来越多的惠州宗祠被登记为不可移动文物。

惠州宗祠一般坐落在村落中风水最好的位置，如仲恺高新技术产业开发区沥林镇的钱氏宗祠、博罗县罗阳街道的韩氏大宗祠、惠城区江北街道水北社区的王氏宗祠、惠阳区良井镇霞角村的杨氏宗祠、龙门县永汉镇官田村的文佑王公祠、惠阳区秋长街道铁门扇村的叶氏辉庭公祠堂、惠东县稔山镇范和村的林氏祖祠、博罗县龙华镇旭日古村的陈氏宗祠等，都是惠州宗祠建筑中的佼佼者。

（二）惠州书室文化

私塾起源于春秋时期，是我国有记载的存续时间最长的办学行为载体。它以塾多势众，遍及全国，对古代学术文化传承和教育普及产生的影响是非常巨大而深远的。在古代，由于国家对初等教育的经费和设施一般不进行投入，民间的初等教育基本是由家庭、社会力量自行实施完成。学子们接受初级教育的场所被称为私学，又称私塾。古代私塾名目繁多，有家塾、门馆、教馆、书馆、书舍、乡学、乡校、舍馆、村学、学馆、书屋或书圃等。

惠州目前保存的古代私塾，大多散落乡间，其中，在仲恺高新技术产业开发区潼湖镇黄屋村敦伦书室和琥珀村南嵩书室、龙门县龙城街道江厦村挺华书舍、惠东县多祝镇皇思扬村龙光书室等，均可见惠州古代私塾的原貌。

惠州黄氏书室建于清道光二十二年（1842年），1990年被列入惠州市文物保护单位。2015年被列入广东省文物保护单位。黄氏书室为"阔三间、深三进"的典型明清祠堂建筑，面积约1 500 m²。正面大门及墙身主要以花岗岩石砌筑，石檐柱、柱础、须弥座、门墩、阑额、雀替等制作严谨、线条优美、纹饰精细，尤其是阑额上承放的石狮，形象生动，装饰性极强。大门上方镶嵌的石匾额上阳刻正书"黄氏书室"四字，两侧阴刻行书"绩著循良第一，家传孝友无双"楹联，大门高约3.6 m，宽2.05 m；连接一进与二进、二进与三进的廊房前的通廊为卷棚顶装饰，梁上安放八边瓜棱与梅花斗组成的联合构件承托檩条，雕刻精工别致，颇具特色，廊房横梁上的装饰精工细琢、丰富多彩、整座建筑以清水墙砌筑为主，屋面铺设灰瓦并用绿色琉璃瓦剪边，正脊和垂脊饰以博古纹、夔纹等纹饰，显得庄重古朴，气势非凡；室内雕刻工艺流畅，传神活现，栩栩如生，一些木质构件、驼墩、斗拱、封檐板以及墙上保存的古代圣贤壁画等精巧典雅，体现了古代工匠高超的工艺水平。

鉴于黄氏书室独特的建筑结构及其历史价值，按照《中华人民共和国文物保护法》维修古建筑"恢复原貌和保存现状"的原则，惠州市有关部门已组织人员完成对黄氏书室的修缮工作，由惠州市文化广电新闻出版局与惠州市博物馆共同将其开辟为东江民俗文物馆对外开放。

（三）惠州文化名人

1. 寓居惠州的文化名人

葛洪 葛洪（283—363年）字稚川，号抱朴子，江苏丹阳句容人，三国方士葛玄侄孙，东晋著名道教理论家、医学家、炼丹家。葛洪少时好神仙导养之法，师从葛玄的弟子受炼丹术。晋元帝司马睿登位时为丞相。咸和（326—334年）初为散骑常侍，闻交趾出丹砂，求为勾漏（今广西北流）县令。携子侄至广州，为刺史邓岳所留，乃止于罗浮山，优悠闲养，著作不辍，以丹鼎生涯终老。葛洪在罗浮山写下了有名的炼丹著作，为研究我国炼丹史以及古化学史提供了珍贵的资料。葛洪不仅在阐述道教理论方面有卓越贡献，而且在罗浮山设东、南、西、北四庵授徒。南庵后来建成冲虚古观，是岭南道教的祖庭。其在惠州罗浮山编著的《肘后备急方》中所论对天花、恙虫病的治疗，是世界上最早的记载，特别是有关"青蒿一握，以水二升渍，绞取汁，尽服之"的文字记载，启发中国科学家屠呦呦发现青蒿素并获得诺贝尔奖。

苏轼 苏轼（1037—1101年）字子瞻，号东坡居士，四川省眉山人，北宋时期著名的文学家、书画家，诗、词、文和书画都有很高的艺术成就，在中国文艺发展史上留下了厚重的一页。苏轼早年立下"书剑报国"的宏愿，仕途坎坷不平，3次遭贬。此后，每到一地随遇而安，亦不忘关心当地政事与百姓生活。绍圣元年（1094年）十月，被贬惠州，在惠寓居了两年又七个月。在惠同情、关心民生疾苦，揭露时政黑暗，劝说地方官吏为民办事，推行新式农具"秧马"，以消耕田者"腰脊之苦"、小腿"疮烂"之疾；建议建营房300余间，以肃"军政"，使民安居；为解百姓纳税之苦，请改"纳役奏改钱米各半""民受赐多矣"；捐犀带助筑西新桥，动员其弟苏辙与表兄程正辅各出十五千钱修筑海会院（今永福寺旧址）等。寓惠期间，写下诗词160首，书信、文章300多篇，为惠州人民留下了一笔珍贵的文化遗产，其中"日啖荔枝三百颗，不辞长作岭南人"广为流传。

唐庚 唐庚（1070—1120年）字子西，四川省眉山丹棱人。绍圣元年（1094年）中进士，入朝为宗子博士，得宰相张商英荐其才，授官提举京常平。大观四年（1110年），商英罢相，唐庚亦受牵连，遭贬安置在惠州。初至惠州时住舍人巷，后迁入城南沙子步李氏山园，筑庐而居。后人将其居地改名为子西岭，沿用至今。唐庚诗文精密工致，有"小东坡"之称。刘克庄称其"诗文皆高，不独诗也，其出稍晚，使出东坡之门，当不在秦晁之下"。唐庚在惠州共计6年，常游湖中山水，亦曾游罗浮山、汤泉等地，吟诗赋词，烹茶著文，在惠州写下文章45篇、诗赋180篇。南宋绍兴二十一年（1151年），惠州州学主管郑康佐集其作品刊印，称为《寓惠集》。政和七年（1117年），遇朝廷大赦，复官承议郎，提举上清太平宫。51岁时回四川，病逝在归途。著有《唐子西文录》1卷、《唐子西集》24卷。

陈鹏飞 陈鹏飞（1099—1148年）字少南。南宋永嘉县（今浙江温州）人。绍兴十二年（1142年）进士。历任太学博士、崇政殿说书、礼部员外郎。经筵讲经，讽高宗勿"失道于民，以忧其父母"。因忤秦桧，贬居惠州舍人巷（今桥西都市巷），于西湖筑室建亭，吟咏自适，人得其翰墨，皆珍藏之。著有《罗浮集》10卷，以及《书传》《诗传》《管见集》等。卒于惠州，明、清《惠州府志》有传。其后人在桥东铁炉湖和惠阳横沥等地繁衍传承。

文天祥 文天祥（1236—1283年）初名云孙，字天祥，后改字宋瑞，又字履善，号文山，吉州庐陵（今江西吉安）人。南宋末年政治家、文学家，抗元名臣，民族英雄，与陆秀夫、张世杰并称为"宋末三杰"。宝祐四年（1256年）举进士第一。历任湖南提刑，知赣州。德佑元年（1275年），元兵长驱东下，文天祥于家乡起兵抗元。翌年，临安被围，除右丞相兼枢密使。奉命往敌营议和，因坚决抗争被拘，后得以脱逃，转战于赣、闽、粤等地，兵败被俘，坚贞不屈，就义于大都（今北京），封信国公。能诗，前期受江湖派影响，诗风平庸，后期多表现爱国精神之作。存诗词不多，笔触有力，感情强烈，表现了作者威武不屈的英勇气概，震撼人心。著有《文山先生全集》。

何真 何真（1321—1388年）字邦佐。广东省东莞人。自小喜欢读书，又善击剑。元顺帝至正初年（1341年）任河源县盐务副使，后升任淡水盐场管勾。元至正十一年（1351年）中原人民反元起义，波及岭南。时东莞境内豪强割据，何真弃官归乡里，组织地方武装，保卫乡里。惠州人王仲刚与叛将黄常盘踞惠州，贪虐无道，民不聊生。何真乘王仲刚等出游之机，带兵袭击惠州，驱逐黄常，杀王仲刚，因功被任命为惠州府判官。后升任惠州路同知、广东都元帅，镇守惠州。洪武元年（1368年），明征南将军廖永忠自福州向何真发出招抚之谕，晓譬利害。何真奉表归降，遣都事刘克左到潮州，呈缴印绶，表列所部郡县户口、兵马、钱粮，明太祖朱元璋下诏褒奖其"保境息民"之举，召进京城，厚加赏赐，授中奉大夫。历任江西、山东等行省参政，四川、山西、浙江、湖广等行省布政使。洪武二十年（1387年）封东莞伯。何真为人宽厚，好儒术，政令风行。自元至正十四年（1354年）入惠至明洪武元年（1368年），在惠州任官14年。曾以惠州城西私第为义祠，私田百余顷为义田，兴办义学。惠州人曾于方山西麓辟祠生祀。卒后葬于惠州城外笔架山下。

湛若水 湛若水（1466—1560年）字元明，号甘泉。广东省增城人。明代著名的思想家、哲学家、政治家、教育家、书法家、大儒。其父豪侠仗义，因而与人结怨，其母带7岁的湛若水来归善县（今惠州市惠城区）避居。弘治五年（1492年）湛若水中举，弘治十八年（1505年）中进士。选授翰林院庶吉士，编修。正德七年（1512年）得到朝廷的重用，被任命为出使安南国的正使，代表皇帝册封安南国王，两年后服母丧。嘉靖元年（1522年）复被起用，历任编修、侍读，南京国子监祭酒，南京史部、礼部右侍郎，南京礼部、史部、兵部尚书。晚年致力讲学著述，赠太子太保，谥文简。主张"随处体认天理"，认为"心也者包乎天地万物之外，而贯夫天地万物之中者也，中外非二也"。弘治十四年（1501年）入罗浮，与博罗人曾确、胡定二人游罗浮时，便选定了"诸秀掩映"的朱明洞"以为退居之地"。嘉靖十六年（1537年），湛若水夙愿得偿，在朱明洞筑建甘泉精舍，兼营青霞精舍。湛若水及其学生，与王守仁许多有名的弟子都在罗浮聚徒讲学，使得罗浮山成为广东乃至全国学界瞩目的亮点。著有《二礼经传测》《春秋正传》《古乐经传》《圣学格物通》《心性图说》《自沙诗教解注》等，有《甘泉集》传世。

祝允明 祝允明（1460—1526年）字希哲，长洲（今江苏苏州）人，因手有枝生手指，故自号枝山，明代著名书法家。弘治五年（1492年）中举人，正德九年（1514年）授广东惠州府兴宁县知县。嘉靖元年（1522年）转任南京应天府通判，因有"祝京兆"之称。他才华横溢，擅诗文，尤工书法，名动海内，与唐寅、文徵明、徐祯卿并称"吴中四才子"。又与文徵明、王宠同为明中期书法家之代表。其代表作有《太湖诗卷》《箜篌引》《赤壁赋》等。所书"六体书诗赋卷""草书杜甫诗卷""古诗十九首""草书唐人诗卷"及"草书诗翰卷"等皆为传世墨宝。

王瑛 王瑛（生卒年不详）字紫嵌，号铨、子千。直隶宝坻（今天津市宝坻区）人。廪生出身。康熙二十八年（1689年）至三十四年（1695年）任惠州知府。后升四川按察副使。在惠州6年，兴教振文。捐俸重修府学。购黄塘叶氏园及吕应奎义学基地，重建丰湖书院，并撰《丰湖书院记》：建堂舍24间，以为讲学习通之所；"买金龙镇等处田，岁收租五百余石，置水口圩店房，岁收租四十余两，以作膏火之资。"一时惠州文教兴盛，"比年以来，士之读书奋起，以得科名者，不乏其人"。又建亭修庙。在桥山西建代泛亭（1986年被拆毁），撰写《代泛亭记》。在元妙观修紫清阁，以纪念白玉蟾，亲撰《紫清阁白真人不立像说》碑，并由清初岭南三大家之一陈恭尹书写，碑石至今尚存庙内。往来罗浮，泛舟湖上，写下很多诗文。

伊秉绶 伊秉绶（1754—1815年）字组似，号墨卿。福建省宁化县人，清代书法家。乾隆五十四年（1789年）进士，授刑部主事，迁员外郎。嘉庆三年（1798年）至七年（1802年）任惠州知府。曾于准提阁建无碍山房，在永福寺建招鹤庐，以为名士文宴之地。修葺白鹤峰东坡祠，摹刻"思无邪斋""德有邻堂"匾额，浚黑沼，得东坡"德有邻堂"墨砚。修王朝云墓，题刻王朝云碑文，书刻"东坡思无邪"和王朝云碑碣，为惠州人留下弥足珍贵的书法作品。嘉庆六年（1801年），应惠州府十属士民之请，选址黄塘建丰湖书院，书院颇具规模，讲学、学舍一应俱全，还配以亭、台、楼、榭、祠等景观建筑，此后一直都是惠州的最高学府和风景名胜之地。伊令书院奉守"白鹿书院学规"，教导诸生"学为人""求廉戒欺，而后可以成圣贤"。在惠州任知府期间，为平民变请兵督战，触怒总督，被"以失察教匪罪论处，请戍军台"。而后士民又帮他捐复原官，授扬州知府。作为循吏被收入《清史稿》。伊秉绶是很有造诣的书画家，尤以篆书、隶书著名，劲秀古媚独创一家。著有《留春草堂集》《听松庐诗钞》。

宋湘 宋湘（1757—1826年）字焕襄，号芷湾，广东嘉应州（今梅州市）人。

嘉庆四年（1799年）进士，曾任翰林院编修等职，而后历任或代看云南曲靖、广南、大理、永昌（今保山市）、楚雄等知府以及代署迤西、迤南、盐法道尹，官至湖北督粮道。嘉庆五年（1800年），应惠州府太守伊秉绶之邀，任丰湖书院山长两年。钟情惠州山水，曾手刻"丰湖书院"匾额，为书院书撰的楹联"人文古邹鲁，山水小蓬瀛"被收进《中国名匾》一书，书《五别诗》于书院澄观楼上。嘉庆八年（1803年），任广州粤秀书院山长。道光五年（1825年）升任湖北督粮道，统筹清运之事。翌年寒冬，71岁卒于任上，安葬故乡。宋湘为官清廉，被誉为一代清官。他一生勤学苦读，博览群书，聪敏过人，被称为岭南"真才子"。有诗集《丰湖浸草》《丰湖续草》《红杏山房集》传世。

戴熙 戴熙（1801—1860年）字醇士，号榆庵，又号莼溪、松屏，别署井东居士、鹿床居士等。浙江钱塘江（今杭州）人。道光十二年（1832年）进士，官至兵部右侍郎。咸丰年间太平军攻陷杭州时（1860年），投井自杀。诗书画并绝，画尤入神品。山水画学王翚，多临古之作，形神兼备。山水诗《访粤集》峻峭雄健，颇获时誉。著有《习苦斋集》《古泉丛话》《题画偶录》等。道光十八年（1838年）至二十五年（1845年）两督粤学，游览惠州西湖时，撰元妙观联"天开图画湖千顷，地拥蓬莱石两峰"；还作《蓬莱石》《吾亭》《题元妙观红梅》等咏湖诗6首。其中《庚子惠郡试竣，游西湖诸胜，得五古四章》起首数句甚佳："西湖各有妙，此以曲折胜。遥从丰山来，象岭外绵亘。潴为千顷波，适我野游兴。"将惠州、杭州两西湖相提并论、互相比较，并直言惠州西湖胜在曲折。作为来自杭州的诗人和画家，此说中肯客观，故为世人普遍认同，成为定评。

2. 籍贯惠州的文化名人

青主 青主（1893—1959年）原名廖尚果，笔名青主，又名黎青主。真阳县府城（今惠州市惠城区桥西）人。著名音乐家、教授和翻译家。10岁参加童子试考第一，1912年赴德国柏林大学攻读法学，兼学哲学、社会学，留德10年，获法学博士学位。1922年回国，历任广州国民政府大理院推事，黄埔军校校长办公室中校秘书，广东法官学校校务委员会副主席，第四军政治部少将主任等。1927年12月，广州起义失败后被国民党通缉，隐姓埋名开始了署名"青主"、自称"亡命乐坛"的生活。1946年起任同济大学教授，新中国成立后，任复旦大学及南京大学教授，主要从事德文教学，并翻译了一些音乐美学著作。著述甚丰，主要有《乐话》与《音乐通论》，是中国近代较早的具有比较完整体系的音乐美学论著。创作出版了《清歌集》《音境》2本艺术歌集。著名的独唱曲有《大江东去》《我住长江头》等。著有诗集《诗琴响了》、外国文学家评传《歌德》。精通德文，译著有海涅的诗歌《抒情插曲》、安娜·西格斯的小说《一个人和他的名字》和卓菲娅·丽莎的学术著作《音乐美学问题》等。

张友仁 张友仁（1876—1974年），曾用名张夏、胜初。惠城区桥西人，毕业于两广简易师范馆。曾任中小学教员、校长，海丰、龙溪两县县长，广东省文史馆副馆长。是广东省第二届人大代表，第三、第四届全国政协委员。1909年参加同盟会，联络会党，协助革命军攻克博罗和惠州。积极抗日，帮助惠宝人民游击队筹款，支持和保护东江华侨回乡服务团，1944年参加东纵召开的国事座谈会，领衔发表反蒋通电。主政海丰、龙溪时，廉政爱民，大办新学，建中小学百余所。关心民生，热衷修路，主持修建广东首条公路——惠（州）平（山）公路等。学识渊博，文史皆精，尤其注重乡邦文化建设。曾收集一批珍贵的惠州古碑刻。倡建惠州私立丰湖图书馆。编著《博罗县志》《襄阳县志》《惠州西湖志》。深入惠州各地调查访问，撰写《辛亥革命在东江》《三洲田起义》《惠阳抗日八年》《罗浮山名胜古迹调查》等文。遗著有《荔园诗存》《扶藜集》《春秋今释》《丰湖文献录》《张友仁晚年诗稿》等。

李绮青 李绮青（1859—1925年）字汉珍、汉父，号倦斋，惠州城区人。早年就读于丰湖书院，是梁鼎芬的得意门生之一。光绪十六年（1890年）进士，先后任福建安溪与惠安、吉林榆树、河北武邑知县，官至吉林宁安知府。早岁即以词鸣世，与张韵梅、叶衍兰、江逢辰等倚声唱和，是晚清惠州最有名气的才子之一。李绮青长期在外，不忘振兴乡邦文化，清末民初与李丹麟、叶文润等结成惠阳宏汉学会和西湖诗社，编辑出版学术文艺综合性刊物《循报月刊》，以文会友，弘扬风雅。1925年在北京病逝。李绮青擅长骈文，诗词并重，尤以词的成就最高。著有《草间词》《听风听水词》《倦斋诗文集》等。

江逢辰 江逢辰（1859—1900年）字雨人，又字孝通，号密庵。归善县（今惠城区）人。光绪十一年（1885年）举人，光绪十八年（1892年）进士，任户部主事，光绪二十一年（1895年）任会试弥封官。自小聪敏好学，师从梁鼎芬学于丰湖书院、广雅书院。受梁鼎芬举荐，得张之洞赏识，与梁鼎芬一起成为张之洞的幕僚，曾任教于湖北尊经书院。任官期间闻其母病，乞归故里，"侍母疾，号泣露祷，形神俱瘁"，母亲病故后，"蔬食益颓，冬不裘、夏不帐、哭无时、夜不睡"，终以毁卒，惠州人称为"江孝子"。1915年筑孝子亭（今荷花亭）祀于湖上丰渚。江逢辰精于诗词，文辞瑰丽，梁鼎芬对其有"行尽江山见此才"之誉。工书，书学北魏，尤工篆隶。主讲赤溪书院，在附近"危崖绝壁大书深刻，字径二尺余，奇险峻劲，见者骇绝"。还善画山水、花卉。

李丹麟 李丹麟（1846—1916年）字仁薮，号星阁，惠阳县（今惠城区桥东）和平直街人，祖籍博罗汝湖霞村，晚清著名画家。光绪十年（1884年），以县丞候补于福州，先任澎湖南路粮台事务兼总查。为政清廉，秉公办事，为民众拥护，颇有政绩。光绪十七年（1891年），由知府杨霁的推荐，随其弟杨信出使秘鲁。先后到欧洲、安南（今越南）、暹罗（今泰国）、马来群岛、日本及南美洲一带。所到之处，游览名胜古迹，用画笔描绘当地风土人情，作图记2卷。参加比利时国际画展时，获"双龙拱珠"金质奖牌一个。回国后，任永定知县。作画题材广泛，山水、人物、花鸟无所不能，花鸟尤佳，《博罗县志》载："美洲人以千金购其画鹰。"画风下笔如飞，大胆泼辣，笔势抑扬顿挫，极富节奏韵律美，墨色浓淡对比强烈，风格奔放粗犷，但精妙处却十分传神。除绘画外，还嗜好弹琴，自号"罗浮琴客"。

邓承修 邓承修（1841—1892年）字铁香，号伯讷，惠阳县淡水人。道光二十一年（1841年）生，咸丰十一年（1861年）举人。同治元年（1862年）为刑部郎中，授浙江道监察御史，会试磨勘官，内阁中书、八旗教习监试官。光绪元年（1875年），任河南道监察御史、云南道监察御史、鸿胪寺卿等职，并在总理衙门参与外交机要工作。在御史任上，刚直不阿，敢于进谏，痛陈利弊，不畏权贵，大胆揭露贪官污吏，号称"铁汉"。光绪十五年（1889年）因病辞职，告老还乡，居惠州西湖，主讲惠州丰湖书院。设尚志堂，分经史、理学、词章课士子。光绪十六年（1890年），在淡水创办崇雅书院（今崇雅中学），光绪十八年（1892年）病逝。著有《语冰阁奏议》。民国六年（1917年），钟鼎基、张友仁管理西湖，为邓承修立碑纪念，碑刻丘逢甲诗一首："亭亭桂树影扶疏，何处投竿许老渔？留得浚湖遗疏在，花洲合祀邓鸿胪。"

韩日缵 韩日缵（1578—1636年）字绪仲，号若海。明代博罗县人。万历三十五年（1607年）进士。知识渊博，见识深邃，曾任经筵讲官、侍读学士、两朝实录副总裁等职，官至礼部尚书。对朝政提出许多精当见解和建议，得到崇祯皇帝的赏识。明朝后期，宦官把持朝政，朝纲纷乱，官员人人自危，而官至礼部尚书的韩日缵澹然独立，以国家社稷为重，不与之同流合污。在充当经筵讲官时，韩日缵分析详明、讲解清晰，甚为明熹宗所赏识。他生平孝友教笃，曾置义田赡养族人，择地建义塾以教族人子弟。著《询尧录》，修《博罗县志》。崇祯九年（1636年）卒于任所，终年58岁。赠太子太保，遣官护送灵柩回乡，赐祭葬，谥文恪。

张萱 张萱（1557—1641年）字孟奇，号九岳，别号西园。明代博罗县（今惠州市）人。明朝万历十年（1582年）举人。肄业国子监，得大司成赵市阜推荐，任诸生都讲。后转任北户部主事，擢贵州平越知府。筑园榕溪之西，人称"西园公"。屡次参加会试未及第，考中内阁制敕房中书舍人，篡修国史，并为皇帝讲授经史制度。因有机会阅读皇室密阁藏书，编著《密阁藏书目录》四卷。张萱喜欢读书，家藏万卷。对所藏之书点校，凡天地、阴阳、兵农、礼乐，全都渊博贯通。工楷、草、篆、隶，画笔颇饶别趣。尝游吴中，与王世贞、王稚登、董其昌、刑侗、米万钟等名士交往，精鉴赏、富收藏，有王蒙、倪瓒、钱叔宝、唐寅等名人书画。著作甚多，曾纂修国史，有《汇雅前后编》《汇史》《苏文忠寓惠录》《西园全集》等；又校勘《汇经》《唐摭言》《三朝政要》《北雅》《古文奇字》《西园类林》《西林类说》等。

杨起元 杨起元（1547—1599年）字贞复，号复所。明代归善县塔子湖（今惠州市惠城区桥东）人。隆庆元年（1567年）会试第一，万历五年（1577年）进士及第，惠州"湖上五先生"之一。历任编修、国子监司业、司经局洗马、国子监祭酒、南京礼部右侍郎、南京吏部右侍郎摄吏部、礼部尚书事。万历二十六年（1598年）召为北京吏部右侍郎兼侍读学士。万历二十七年（1599年）在惠州病逝，终年53岁，谥文懿。郡人将他祀于五贤祠（今惠州宾馆内），并在府前（今中山北路）建牌坊褒扬他为"盛世文宗"。杨起元是晚明的理学大师，尊王阳明再传弟子罗汝芳为师，在明儒学案中划归泰州学派。他曾任广州禺山书院山长，创建惠州教仁书院，讲学丰山永福寺，纂修《惠州府志》。治学"以明德、新民、止至善为宗，而要归于孝、悌、慈"。著述甚富，有《证学篇》《证道书义》《杨子学解》《论学存笥稿》《杨子格言》《杨子政序》《天泉会语》《平氛外史》《白沙语录》《仁孝训》《识仁编》《杨文懿集》等。宋元以来，儒必辟佛，杨起元却学不讳禅，儒佛合一。著书评注《维摩经》，编《诸经品节》，收录佛家《楞严经》《金刚经》等经书12种，卷目自题比丘，《四库全书提要》亦觉"骇怪"。除佛家外，还推广道教书，为《太上感应篇》作序，并将《阴符经》《道德经》等16种道书编入《诸经品节》。

叶春及 叶春及（1532—1595年）字化甫，号絅斋，明代惠州归善县（今惠州市惠阳区）人。嘉靖三十一年（1552年）举人，隆庆初年（1567年）授福清县教谕，未赴任即上书《端治本》《纠官邪》《安民生》等25篇论及时政的奏疏。在福清教导百姓以孝悌、忠信为先。不久，升迁惠安县令。任3年，"民爱之如慈父"并以歌赞之："叶君为政，惟饮吾水，设施不烦，五风十雨。"因此得罪权贵，于是托病辞归。刚好又命擢升宾州守，惠安百姓乞望他留下，而妒忌者藏匿他的任命书，使他不能赴任。于是他"挂冠归"，受到弹劾，削籍为民。回乡后归隐罗浮山，筑"逃庵"以居，读书谈道，著述不辍。万历十九年（1591年）受举荐，起为兴国知州（今湖北新县），未赴，擢郧阳府（今湖北郧阳区）同知。一年后，入朝为户部员外郎，随转江西司郎中，榷崇文门税，明察秋毫，发现中贵人作弊，拟上书《拟请核九边屯田具》，疏未上，竟以劳瘁卒。叶春及一生修志甚多，有《篆庆志》《顺德志》《永安志》《惠安志》，并为罗浮山留下很多题记，其中罗浮山石洞山房的《逃庵记》摩崖石刻尤为出名。

叶梦熊 叶梦熊（1531—1598年）字男兆，号龙塘。明代惠州府城万石坊（今惠州市惠城区）人。嘉靖四十四年（1565年）进士，当过福清县令、户部主事，山西道监案御史，以后转为归德推官，南京户部主事，督江西凤阳仓。历任赣州知府，安庆知府，浙江副使，永平道兵备，山东布政使，右佥都御史，巡抚贵州、陕西、甘肃，最后，因战功擢左都御史，兼兵部左侍郎，赠太子少保，升兵部尚书，转南京工部尚书，是惠州明代著名的"三尚书"之一。叶梦熊初以文官入道，当县令时，即以廉能著称，旧史志称其"廉能第一""洗贪习，诛叛乱"，留下很好的口碑；后半生则以武将的辉煌功绩载入《明史》，被视为民族英雄。叶梦熊称病5次请辞获归后，在惠州建回龙寺，其妻廖氏出资助建三台塔（文星塔）。赐葬于菱湖畔的游龙山（今惠州市第二人民医院）。自明代起，叶梦熊墓成为惠州最有影响的古迹之一，梦熊故居地万古坊亦为惠州有名的人文遗址。叶梦熊文才武略皆通，所著甚丰，有《华云集》《太保集》《五镇奏疏》《筹边议》《战车录》《运筹决胜纲目》《四库提要》等著作。

梅蟠 梅蟠（生卒年不详）字子升，号罗浮山人，归善（今惠州市惠城区）人。宋朝元丰八年（1085年）登进士，授官迪功郎。他博闻强记，笔力豪放，不乐仕进，常流连于惠州山水之间，题诗逾千篇，有"沧海有风鹏翼健，青云得路马蹄轻"之句。晚年择天庆观废址建宅居住（今元妙观前身）。大观四年（1110年）唐庚贬谪惠州，梅蟠与其友善相处，常互相唱和。在《中国诗词·宋代第三部》中载有其《何仙姑祠》诗一首："昔间谢自然，今祠何女仙。昌黎久不作，奇事相留传。当其始生时，紫云光烛天。炼服云母丹，红玉飞琼烟。窈窕颜不老，霞帔尚翩翩……"这是梅蟠现存最早的作品，亦可从中窥见其诗作的风采。

第五章

海南省乡村文化传播现状调研

本章主要以海南省海口市的村落为主线调研,主要探究其中的文化脉络及文化传播现状。

一、儒张村

儒张村位于海口市秀英区永兴镇,是一个以廉政教育为己任的特色村落。

儒张村村容村貌

(一) 文化名人的廉洁故事

儒张村的村道上设置了宣传栏,宣传栏中介绍了10位明清时期海南籍官员为政清廉的事迹，分别是廖纪、钟芳、王佐、邢宥、薛远、丘浚、海瑞、张岳崧、唐胄和王弘海。

廖纪 廖纪（1455—1532年）字延陈，号龙湾，民间称为"廖天官"。陵水县礼纪（今属海南省万宁市礼纪镇）人。明代进士，任至户部尚书。嘉靖五年（1526年）主修《献皇帝实录》，著有《庸学》《论孟》《四书管窥》《沧州志》等数十卷。廖纪卒后，嘉靖皇帝赐碑文云："忠勤体国，南北驰声。"明史专家毛佩琦将丘浚、廖纪及海瑞合称为"南海三星"。"欲正人，先正己。"廖纪不拉帮结派，任人唯贤，为官清廉守正，曾保荐王阳明及杨慎等国家栋梁之材，因此被同僚赞曰："借问萧何谁可代？"

钟芳 钟芳（1476—1544年）字仲实，号筼溪，崖州（今海南省三亚市崖州区）人。明代进士，任至南京兵部右侍郎、户部右侍郎等职。著有《春秋集要》《学易疑义》等书，被誉为"上接文庄下启忠介的岭南巨儒"。钟芳有很长一段时间参与广西田州的平叛战事，屡建军功，"凡藩禄军功之难处者，区画悉得大体"，曾升任江西右布政使。钟芳生性简朴慎重，极少嗜欲，退休后，居家10余年，不入城市。有人以个人私事登门请托办事，钟芳婉言拒绝，回答道："我坚守个人的志节，怎能到了晚年丧失个人节操？"

王佐 王佐（1428—1512年）字汝学，号桐乡。临高县蚕村都（今海南省临高县博厚镇透滩村）人。明代诗人，后世对其诗词给予很高评价。明代琼州府官员称其"诗词温厚和平文气光明正大，当比拟唐宋诸大家"。成化十六年（1480年）王佐调任福建乡试考官，一直到弘治二年（1489年），后改任江西临江府同知。王佐从政20余年，辗转于三府之间，没有升迁，勤勤恳恳为老百姓办事，既不趋炎附势，又不阿谀求荣，政绩廉明，士民爱戴，有"仁明司马"之称，故"所居民爱所去民思"，他每任职一方，当地人民就修建生祠来纪念。史载"所至以廉操闻，遗爱于民"。

邢宥 邢宥（1416—1481年）字克宽，号湄丘。文昌县东阁区（今属海南省文昌市文教区）水吼村人，明代政治家、学者，任至都察院左立都御史。成化六年（1470年），乞归获准，著有《湄丘集》10卷。与丘浚、海瑞并称"海南一鼎三足"。景泰元年，朝廷清算王振罪恶，抄没他的家产，有人揭发其亲属孙太安等藏匿他的财产，朝廷派邢宥与锦衣卫官于信审理此案，结果查无实据。其时朝野上下对王振一党恨之入骨，凡有牵连者都主张"杀无赦"。于信慑于众怒，对邢宥说，不管有无实情都要办他的"罪"，否则会惹祸上身。邢宥坚决不从，说："没有事实根据，便硬要假造材料使人陷于法网，这是我们办案的人亲手杀他了！"由于他的坚持，此案最终得以秉公处理，使被冤枉诬陷的孙太安等20余人得全性命。从此邢宥秉公执法的声誉震动朝野。

薛远 薛远（1414—1495年）字继远，明代进士，出生于海南省儋州市薛官都，敏而好学，精于礼乐、兵刑、天官、律历，尤其娴熟典故。宣德十年（1435年）中举，正统七年（1442年）考中进士，任景泰官户部郎中，天顺元年（1457年）提任右侍郎，后改任工部，成化初年（1467年）督两广军饷，位至南京兵部尚书。任职期间，治政严明，官吏敛手，百姓安居。曾云："驭吏严刑以惩，不若先事而发善，革弊不若无弊可革。"

丘浚 丘浚（1421—1495年）字仲深，号琼台，谥文庄，海南琼山人（今海口市），世称琼台先生。明代著名思想家、政治家、经济学家、史学家、文学家，任至文渊阁大学士。清廉刚直，有"布衣卿相"之誉，同海瑞合称"海南双璧"。成化七年（1471年），丘浚返琼葬母，启程前，他在京城购买了不少书籍。在把书箱装船时，一些与他"结怨"的官员认为箱子中装的应是金银财宝，就派人开箱检查，结果却都是书籍，令他们大失所望。回到故乡办理完了母亲的后事后，按照古代礼法，丘浚应在家守孝。恰在此时，琼山县（今琼山区）的乡亲们向丘浚反映，自家良田遭受水灾，可是还要饿着肚子向官府纳税。丘浚听罢，为百姓生计担心，他率领百姓治理水患，使良田得以复耕。百姓为了感谢他，执意要为他立碑，丘推辞不过，但坚持不以自己的名义立碑，立碑主要是记载治理水患的措施与用水的规则等。丘浚回京前夕亲撰碑文，命人镌刻，立碑于山旁，丘浚为民造福不受利、不居功，堪为后人榜样。

海瑞 海瑞（1514—1587年）字汝贤，号刚峰，海南琼山（今海口市）人。明朝著名清官。嘉靖二十八年（1549年）海瑞参加乡试中举，初任福建南平教谕，后升浙江淳安和江西兴国知县，推行清丈、平赋税，并屡平冤假错案，打击贪官污吏，深得民心。历任州判官、户部主事、兵部主事、尚宝丞、两京左右通政、右佥都御史等职。他打击豪强，疏浚河道，修筑水利工程，力主严惩贪官污吏，禁止徇私受贿，并推行一条鞭法，强令贪官污吏退田还民，遂有"海青天"之誉。明朝时期，新官到任，旧友高升，总会有人来送些礼品礼金，以示祝贺。这些礼品礼金只要数额不大，也是人之常情。然而海瑞公开贴告示说"今日做了朝廷官，便与家居之私不同"，然后把别人送的礼品一一退还，连老朋友贺邦泰、舒大猷远道而来送的礼也不例外。至于公家的便宜，更是一分也不占。海瑞临终前，兵部送来的柴金多算了七钱银子，他也要算清了退回去。

张岳崧 张岳崧（1773—1842年）字子俊，号觉庵，海南定安县永丰乡高林村人。清代名臣，文学家、书画家。历任国史馆协修官、会试同考官、文颖馆纂修官、武英殿篆修、教习庶吉士、四川乡试正考官、陕甘学政、文渊校理、翰林院侍讲、江苏常镇通海兵备道、湖北布政使、两浙盐运使、浙江按察使、大理封少卿、詹事府詹事、护理巡抚等职。张岳崧博学多才，文章、书画、法律、经济、水利、军事、医学件件精通，与王佐、丘浚、海瑞合称"海南四绝"（即四大才子）。道光年间（1821—1850年），浙江一带盐务吏治腐败、军船私带严重，导致了盐税收入下降。道光帝派稳重清廉的张岳崧出任两浙盐运使，整顿盐务。走马上任后，张岳崧号召各级官员"洁己励俗，截共亿，革奢习，讲缉私畅饮之方，以振商力而清帑顶"，要求官员首先自身要廉洁。在张岳崧整顿下，短短数月盐务的风气就有了很大改善，饷银也筹措到位。

唐胄　唐胄（1471—1539年）字平侯，号西洲，海南琼山（今海口市）人，明代进士，著名的政治家、学者，任至都察院右副都御史、山东巡抚等职。致力搜集地方文史，撰铭刊书，编成著名的《琼台志》。这是海南现存最早的一部志书，具有极高的史实价值，也是后人研究海南历史不可或缺的一部志书。这期间唐胄还在家乡创办了养优书院，他亲自执教，培养后学，为琼山的教育作出了很大的贡献。清代张庭仪评价其"耿介孝友，好学多著述，乡朝有执持，为岭南人士之冠"。

王弘诲　王弘诲（1541—1617年），字绍传，号忠铭。海南定安县雷鸣镇龙梅村人。明代进士，任至南京礼部尚书。万历四年（1576年），上《请改海南兵备兼提学疏》得准，史称"奏考回琼"。王弘诲一生清廉耿介，正气凛然。他退休回乡后，热心于地方教育，捐己财以助学，创办尚友书院，奖掖后学，不遗余力，极大地促进了海南教育事业的发展。

（二）沐心石屋的石头文化

海口市秀英区永兴镇儒张村，是一座让人惊喜的"石头王国"，这得益于秀英区大力发展乡村特色产业，打造儒张村沐心石屋民宿项目，数百年的历史古村。

沐心石屋的石头文化

儒张村地处火山地区，拥有独特的羊山文化，而且是个拥有数百年历史的古村，历史文化底蕴深厚，发展民宿产业，大有可为。火山石大多是多孔玄武岩，具有质轻、坚固、易加工的特性，它的气孔构造具有吸附性，下雨后蓄积部分雨水，气温上升后挥发，吸收热量调节微气候，可以达到局部降温的作用。因此，由多孔玄武岩建造的石墙，不仅可抵御强风，还冬暖夏凉。

沐心石屋共享农庄依托火山地区独特的自然文化资源，以"公司+农户"的合作经营模式，倾心打造"观光荔园+加工作坊+石屋民宿+古村落体验"精品文旅项目，农庄园区是集沉浸体验、文创交流、休闲度假、旅居康养等功能于一体的沐心休闲放松空间。园区距市区 12 km，并配套了精致的特色景观，有精品民宿、休闲茶屋、绿色书屋、文创加工、网红鸡餐厅等服务设施，再加上营造了和美古村落与儒家文化、夕阳荔海、火山古村道、古村寨、洞藏美酒、百年古荔枝王祈福、古屋民俗体验、认养（购）火山荔枝等文旅项目，让客人流连忘返。

（三）荔枝文化

中国是世界上栽培荔枝最早的国家，荔枝最初名为"离支"，后来才写作荔枝。海口市永兴镇是中国荔枝原生地之一，保留有野生荔枝母本群 0.4 万 hm^2，著名的"百年荔枝王母树"树龄 260 年，是中国乃至世界的"荔枝种源基因库"，被农业农村部认定为第四批中国重要农业文化遗产。永兴镇素有"荔枝之乡"美称，具有独特的火山资源生态优势，由于生长在富含硒元素的火山岩地区，永兴荔枝皮色鲜红至紫红，果实较大，口感爽脆软滑，风味独特，营养丰富。主要品种有荔枝王（紫娘喜）、大丁香、无核荔枝、玉潭蜜荔等，其中南岛无核是永兴荔枝中的极品，是珍贵的无核品种，被誉为"中华第一荔"。

（四）民俗文化

水缸是火山地区人家财富的象征，民间有谚语"张家穷，檐下水缸不见影；李家富，连旱半月有水用，嫁女数水缸；不嫁金，不嫁银，数数缸多就成亲"。水缸在儒张村是传统的定亲信物，当地男女结成良缘之后，娘家须给女婿送去几口新水缸，象征新婚幸福，生活美好。因为水缸多意味着粮蓄水多，有吃有穿，夫妻和谐，家庭美满，因此水缸在当地也作为随礼礼物。

（五）酒文化

儒张村有一个石井坊酒厂。酿酒师用北方产的高粱、小麦，结合海南酿酒用的糯米,就地采用火山岩泉水,为解决海南高温不利于粮食发酵的难题,经过多年努力研发出独有的发酵蒸馏技术及去除杂醇工艺,酿出带有米香味的高粱白酒,在火山溶洞存酒,恒温恒湿,静置老化,存酒1年相当于在外面存酒3年。石邑坊纯粮原浆52°白酒,属于清香型白酒,并伴有粮香味。石井坊酒厂做酒四要素是三粮(高粱、小麦、大米)+火山岩泉水+去杂醇工艺+火山溶洞存酒,缺一不可。酿酒工艺流程分为10个步骤:润料→拌料→蒸煮→摊晾→加曲→堆积→入窖→出窖→蒸馏→贮存。

二、道贡村及羊山地区

道贡村位于海口市龙华区龙桥镇西南隅,明嘉靖年间(1522—1566年)开村,迄今逾450年。全村1 400多人均为吴姓。道贡村名为清代琼州官府所赐,意为"培养贡生之道"。道贡是个有着深厚历史人文积淀的传统文化古村,尊师重教、耕读传家始终是村民信奉的共同价值观与生活形态。自明末出了第一个读书人吴灵处士后,清代计有御赐修职郎5人,贡生、监生、庠生16人。

道贡村古建筑及文物古迹留存颇丰。其中最著名的是清代乾隆皇帝为吴儒珍遗孀的慈孝所感而御赐的"三世一肩"牌匾,以及清代光绪皇帝表彰吴学谦、吴龙海父子的两道圣旨。为此,清琼州府敕令文武官员在古村门前必须落轿下马。

道贡人善知行合一,具勇于开拓精神。1979年在村支书吴毓柏带领下成立了海南第一家股份制企业——道贡塑料厂。由于经营有方,仅用几年时间即占据海南市场的半壁江山。现道贡人分布于全省各地经商,用勤劳所得反哺生养他们的道贡古村。

村落掩映在茂密的树林里,"不到村口不见村",村口处的古榕树是村落的坐标,增加了古村落的神韵。羊山地区的村落有前榕后加布的特点,村前种榕树,村后种加布树,榕树的繁大茂盛与加布树的硕大笔直,形似阴阳互补,被当地人称为夫妻树。

(一)建筑风格

用火山石垒砌的矮小的村门,是古村落的主要入口。在羊山地区几乎每个古村落都有用火山石垒起的石门,作为一个村庄的标志。传说古时候火山地区有一种野人,身材高大,四肢发达,不能下蹲,且形象古怪,指甲很长,经常进村伤害小孩或偷取财物,村民为了防止野人入侵,便修了矮小的石门,避免村民受到侵害和侵扰。近年来一些古村落重建了更为气派的村门,并常在村门两侧用藏头对联表示村落的名称。例如,道贡村的藏头对联是"道彪翘楚辈赓秀,贡炳瓜瓞世永昌",儒堂村的藏头对联是"儒合云齐天赐福,堂存恩德保安康",春藏村的藏头对联是"村华正茂江山聚秀归仁里,藏集精英圭壁联辉映德门",这些藏头对联展示了羊山古村落深厚的文化底蕴。村广场为核心,随血缘聚落的发展向周边自然扩散而形成。广场周边坐落着全村的公共建筑——祠堂、庙宇、戏台、学校等,广场既是全村祭祖活动的场地,同时也是村庄的主要公共空间。

自古羊山地区的村门旁均安置石公,世称土地公,即用火山石构筑成小石屋,内置形象的火山石公或用石头雕刻成的石公,坐镇在村门前,守护村庄,阻挡邪气,指点迷津。

道贡全村按血缘聚落分为四大角十八个小角的建筑组群。每个大角与主路交会处均建有矮小的石门。

道路是村落的基本骨架,它的形成有多种导向,除了受功能、村落规模、地形地貌的影响外,还受到习惯、礼制等方面的影响。羊山古村落道路全由火山岩自然铺就,顺应地形地势,自然起伏,弯曲辗转。建筑群组的布局、尺度和朝向皆顺应道路系统。道路围墙时高时低,建筑或背对道路,或以山墙组成街道的一部分,流露出自然朴实的审美情趣。

(二) 四百年文脉

"耕以安身、读以出仕"是科举时代农村学子们的生存形态与理想抱负。地处僻壤的道贡村,崇文重教之风蔚为浓厚,明末出了第一位读书人吴灵处士,为村里人树立了榜样。由此,读书风气悄然孕育。清朝初年乡亲集资兴建三目吴氏祠堂,就兼具了学堂功能。祠堂正中神殿上摆放着孔子神位,每逢开学及上下学,都要向至圣先师孔子行三拜九叩礼。学成者参加科举考试,中榜者光宗耀祖,反哺乡里。

清代乾隆年间(1736—1795年),庠生吴儒珍遗孀陈氏守贞节孝,孝敬公婆,培养一双儿子考上庠生。为此,乾隆皇帝钦赐"三世一肩"牌匾。此事更加激发了道贡人的兴学热情。全村人募资捐田,将原祠堂扩建为二进五目左右加厢房的颇具规模的祠堂公塾。至此,道贡"书声不辍""人文蔚起"。清朝,道贡村先后出了5位贡生、4位监生、6位庠生、1位巡政,其中吴和谦、吴龙海均为正堂,为此,清朝廷特赐村名"道贡",意为培养贡生之道。

1978年后,道贡朗朗读书声再起,博士生、硕士生、本科生如雨后春笋,层出不穷。道贡人承继了"雅尚素风,长迎善气;弓冶克勤于庭训,箕裘丕裕夫家声"的祖训,刻苦读书、传承家风。

（三）道贡村文物古迹

常住流芳碑 道光九年（1829年）竖立的常住流芳碑记载："我吴族自营造祠堂以来，祖宗之祀典庆典之书声不辍矣。"这说明该村的祠堂同时又是学堂，立碑之前已培养出杰出的读书人。

碑文又说"但祭祀与学资尚俱苦"，即因祭祀祖先的经费和学堂经费缺乏，因而号召族人有田园捐田园，有钱捐钱，最终目的是"异日人文蔚起荣耀宗风"。规定普通人捐铜钱十千，学资生员、文童、文武、进庠、监生、贡生、举人等各有规定捐钱基数，并规定进士应捐五十千铜钱以上。

教谕阁 为了"报本素先、教化后代、丕振文风"，清代道光年间（1821—1850年），乡民解资兴建了位于村中心位置的吴氏宗祠和学堂合一的二进院落，第一进是学堂，第二进是祠堂。学堂南面是风水池，前院两侧分别有拴旗石杆，用于表彰考取贡生以上的学子，谁考取了就给谁立一面旗。自此，"祖宗之祀典策兴、子弟之书声不辑"。考虑到繁费与学资没有着落，村里号召村民捐田捐钱。从道光九年（1829年）开始，不仅祭拜祖先不必另外募捐，就连道贡子弟读书也全免费。此后，道贡"人文蔚起"，村民"熟诗书而悦礼乐"。

由于宗亲的同心合力，该学堂在清朝培养出了5位贡生、4位监生、1个巡政，其中吴和谦、吴龙海父子官至正堂，为表彰他们的功绩，朝廷于光绪七年（1881年）和光绪十五年（1889年）分别各下一道圣旨表彰，并赐封吴氏父子为修职郎。

美材里石门 清光绪二十一年（1895年），"三世一肩"牌匾的主人陈氏的后人在美材里入口处建了一座由玄武岩垒成的石门。该门宽3.88 m，高3.30 m，厚达

美材里石门

1.2 m。石门正面额顶刻着隽秀的"美材毓秀",寓意石门聚天地灵气,使美材里人才辈出;左边刻"族内仝立",右边刻"光绪乙未年季夏月吉旦"。石门背面额顶大书"青云得路",希望子孙饱读诗书,考取功名,仕途顺畅。

"三世一肩" 清乾隆年间(1736—1795年),吴儒珍英年早逝,遗下孤儿寡母和年迈的父母。其妻陈氏毅然以柔弱一肩挑起三代人的生活重担:耕田饲畜、奉养双亲、供儿读书。最终培养2个儿子考上庠生。陈氏的事迹令乾隆皇帝深为感动,亲书"三世一肩"牌匾,以示表彰,并命广东提督史梦琦代为授匾。

"三世一肩"浮雕故事

教师世家 "三世一肩"主人陈氏一脉,自清乾隆年间至今历经九代,代代有教师。吴明忠所撰对联"高连曾两科庠士,孙绍祖三代训蒙"很好地诠释了这一教师世家。

吴和谦故居 吴和谦生于清代嘉庆年间(1796—1820年),20岁出头即考取贡生,后任职于广东廉州府合浦县教谕。由于忠于职守,有功于朝廷,被光绪皇帝下旨褒奖。

"寿"字匾 吴和谦在职期间,与时任督学使者的戴熙(后任兵部侍郎,清代著名山水画家)交好,获戴熙所赠"寿"字匾。匾高1.27 m,宽0.43 m,正中为阴刻寿字,落款为"督学使者戴熙题"和印章。这是戴熙留世不多的珍品。

五代同堂 吴和谦后人现今为五代同堂,2018年获龙桥镇政府赠"五代同堂"锦旗。五代同堂须满足子女、父母、祖父母、曾祖父母、高祖父母五代人共同居住的条件,实属难能。

"大府第" 考取贡生、后任职广东雷州府遂溪县训导的吴龙海,恪尽职守,被清廷褒奖，赐其祖屋名为"大府第"。"大府第"为三进正屋、两侧厢房组成的火山石宅院。"大府第"三字刻于第一进（房）屋的门额上。

观音阁 相传，吴龙海坐船往广东遂溪县赴任途中，忽遇大风致船翻。跌入海里的他绝望之际，隐约见到天空中观音菩萨在指方向，于是他抓起一块木板，奋力朝菩萨指引的方向游去。正当精疲力竭之际，终于遇到一座小岛。他和几个幸存的同伴在荒岛上生活了 10 余天后，终于获救。于是，平安抵家的吴龙海在祖屋的入口处修建了一座观音阁，其子孙现在还虔诚拜祭。

吴公帝君庙 吴公帝君庙位于道贡村中心，始建于明朝嘉靖（1522—1566 年），距今已有 400 多年历史。历经多次修缮，有明确记载的为两次：其一为清光绪七年（1881 年），改建为二进十一路瓦；其二为 2003 年，建成三进十三路瓦，两边侧房为十一路瓦，建筑面积约 200 m^2。大门石柱上雕刻着"道德远扬辈出贤才兴社稷，贡情高昂长培俊杰振家邦"对联，映射出道贡人耕读传家、知行合一的精神。

文昌阁 又名梓童庙，位于吴公帝君庙东侧。文昌帝君，又称文曲星或文星，古时认为是主宰文运和功名利禄的星宿，是忠国、孝、益民、正直之神，是旧时读书人虔诚崇祀之神。清嘉庆六年（1801 年），朝廷专颁谕旨，将文昌帝君崇列祀典。道贡村作为一个重视教育的村庄，也建起了文昌阁，奉供文昌帝君，期望子孙后代能够努力读书，继续传承和发扬尊师重教之风，培养出更多优秀人才。

精卫娘娘庙 始建于清光绪年间（1875—1908 年），位于道贡村大门北方 1.5 km 的大井坡。主庙坐北朝南，占地面积 10 亩（1 亩≈667 m^2，全书同）。始建时为二进三目，中间有 100 m^2 井庭，为 8 柱木石瓦结构的古式庙宇。正堂中心为石雕的神殿台，上摆雕有精美龙、花鸟图案的神龛及精卫娘娘神像，金童玉女侧立两边。金童举"风调雨顺"金扇，玉女托"国泰民安"帅印，威武庄严。民间相传阴历四月十五是精卫娘娘的诞期，俗称"婆期"。

（四）民间工艺文化

海口市羊山地区人多地少，年轻人除了读书出仕，更多以经商和经营手工作坊为生。由此导致羊山地区手工艺极为发达、种类繁多，晚清及民国时期尤为昌盛。道贡村及其周边乡村寿材、榨油、打铁、制瓷、石雕、椰雕、制糖、制饼、竹编等技艺远近闻名，产品远销海南岛内外。这些技艺多以父传子、师带徒的方式延传。

寿材 羊山地区森林资源丰富，催生了木材加工业。出于忌讳，罕有人做寿材。道贡人思维活跃，敢为人先，面对巨大的市场需求，很多村民投入了这一行业，产品占据琼北的大部分市场份额。

榨油 羊山地区盛产芝麻花生，榨油业应运而生。榨油作坊俗称"油寮"。加工过程为"一打楔二踏匝三筛选四臼豆"，最辛苦的是打楔，人们抡着沉重的大锤将一根根木楔打入木槽中，以挤压出油。

打铁 龙桥镇儒鸿村有600多年打铁历史，村民多以打铁为生，被誉为"打铁村"。20世纪70年代以前，其生产的家用器具远销海南全岛，现在仍有10余家村民承袭此业。相传，儒鸿村梁氏先祖梁云龙于明代万历末年考中进士，出任兵部库司主事。为了乡亲们的生计，他将制铁技艺带回村里，代代祖传至今。

制瓷 "百家鳞萃陶成众，两地鸠居塑制忙。今日旋人同卒业，东西烟绕树微茫。"这是龙塘制瓷业鼎盛时期的写照。该镇的文彩村和永巩村是传统的制瓷村，家家户户以陶瓷制作为生。产品多为生活用具。

石雕 羊山地区蕴藏丰富的火山岩。人们从建筑到生产生活用具都大量使用石头，石雕工艺也应运而生。龙塘镇石雕最早可以追溯至900多年前的宋代，到了清末民初，龙塘镇更是出现了许多远近闻名的石雕村，其中永昌村就是一例。据说从那时起，琼北大部分村子修建的宗祠、神庙、瑞兽及人文建筑中，都能寻得到永昌石雕工匠的精美作品，其精湛的工艺享誉海南全岛。龙塘石雕最鼎盛时，在永昌村和潭口一带，到处都是热闹非凡的石雕场面。每天都有人抬着石雕运往南渡江码头，再转运至全岛各地。新中国成立后，村里几位石雕艺人应邀来到北京，先后参与了人民大会堂、民族饭店、民族文化宫等工程门前石柱的雕刻工作。

椰雕 唐宣宗元年（847年）《琼州府志》记载"唐代李卫公征蛮时，常备一椰杯于怀中"。这是海南椰雕制品的最早记载。明清两代，椰雕工艺品常被用于进贡朝廷，有"南天贡品"之誉。民国时期，龙桥椰雕两次在越南河内国际物产博览会上获一等奖。1997年香港回归祖国时，海南省政府赠送香港特区的礼物是一对椰雕大花瓶。龙桥镇保明村的吴名驹，在沿袭了传统工艺的基础上，大胆创新，将现代雕刻工艺用于椰雕，使得传统椰雕技艺焕发新的光彩。2009年在海南民俗工艺品制作"能人绝活"比赛中，吴名驹获得"海南民间工艺大师"称号。

制糖 传统制糖的主要设备是2个圆柱形石辘。硬木穿进石辘的孔穴作为齿轮，石辘下铺有石垫，用木板固定，安装木轴，轴上装有粗大的弓形木杆，用两头牛拉杆转动。将甘蔗从2个石辘间推进碾碎。蔗汁流入大铁锅中反复熬煮一天一夜，其间加入石灰、木炭中和，经人工不停地搅拌，最终入模制成红糖条，再经过漏斗过滤沉淀，形成白糖。民国时期羊山人称制糖作坊为糖寮，道贡村有8个糖寮，其中吴毓秀的糖寮技高一筹，远近闻名，产品畅销海南岛内外。

（五）节庆民俗文化

春节 春节是民间最盛大的传统节日。临近春节，道贡村家家户户都要大扫除，俗称"采屋"。一般要用青竹枝叶捆成的大扫帚把屋顶、屋檐及墙壁上堆积的灰土、蜘蛛网等清扫干净。

除夕夜，家中男女老少祭拜祖先，吃团圆饭（俗称围炉）。正月初一，开"灶香"、燃鞭炮，贺新春大吉。吃过早餐，人们穿上新衣裳，选择"吉时""吉方"出门。习俗认为正月初一至十五人的言行是一年中运气吉凶的预兆，因此要讲吉利话、做吉利事。

诞期（公期） 民间认为道贡村的境内之主是吴公帝君。人们于是把吴公帝君的生日——正月十六定为道贡村的公期。自古以来，吴公帝君境主的祭拜活动和庙宇的管理事务由全村确定的4户（俗称首斋）负责，每年轮换一次。全村依循惯例分为"四角"，各角按户顺序排列轮流当首斋。4户首斋又分为首伙、二伙、三伙、尾伙。从正月十一至十五，4户首斋要按顺序分别抬着全村所有神像进家，摆设香火神龛各一夜，并请乐队（八音队）演奏。届时各户的亲朋好友也会前来庆祝，娘家人还会送水缸，挑一担酒米压室，祝福五谷丰登。

二月二 在道贡村阴历二月初二俗称"二月禁"，为了避免干旱降临，确保风调雨顺，从阴历二月初一正午至初二上午，禁止下地劳作，手脚不能粘土。阴历二月初一中午由村中长老以物件为记号挂在井口，禁止挑水。阴历二月初二中午再由长老在井口燃放鞭炮，以示"开禁"，村民这才可以恢复正常的劳作。

清明节 道贡村民一般都在清明前7天扫墓。清明当日由村中长辈组织村民参加祭拜渡琼始祖吴贤秀公墓的活动。

四月十五 阴历四月十五是精卫娘娘姜氏宫主的诞期。这天，道贡村虔诚者都会来祭拜。打签、问卜的信众络绎不绝。道贡村里还连续两晚组织通宵达旦的琼剧或公仔戏演出。

端午节 早上道贡村农户门前要吊挂艾叶草，中午人人洗"龙水澡"，小孩洗澡水里还要加放各种草药。正午，家家户户，房前屋后，室内室外要喷洒"雄黄水"，以驱散毒蛇毒虫，在耕地里撒放粽叶，寓意五谷丰登。

烧衣节 阴历七月初六，道贡村民烧香点烛，焚化冥衣以祭祀祖先。

鬼节 民间传说，阴历七月十四夜是鬼神出没的时间，小孩忌出门。

冬至 预示寒冬来临，道贡村村民用毛薯、米粉制作汤圆，祝福家庭美满幸福，生活红红火火。

十一月十二 阴历十一月十二是道贡村吴氏宗亲祭祠堂日。这一天,全体宗族男丁团聚在祠堂进行集体祭拜活动。首先,由族长主持仪式,族众对祖先三拜九叩。然后,大家聚议重教兴村大事:进行祖训、族规的宣读教育,调解纠纷,奖励贤士,处罚违德违规的村民,统一行为规范等,以期让宗族优良传统代代相传。

(六) 礼仪民俗

羊山地区的礼仪源自中原及岭南仪礼文化,与当地独特的生产生活环境相结合,最终形成了羊山特色的礼仪文化。

婚姻 婚姻是人生头等大事。旧时羊山地区在嫁娶过程中效行六礼:首礼称"采择之礼",即男方请媒婆到女方家提亲所携之礼,多为手绢、毛巾、脸膏等。二礼俗称"送年生",即男方家人将"庚帖"(写有女方姓名及生辰八字的红纸)交给算命先生"合婚",如果八字相合,则把庚帖保存好,还于香火,告知祖先,然后放在米缸里,寓意"命中有食禄"。三礼俗称"看屋",即女方家人在收到男方卜婚的吉兆后(纳吉),会派人到男方家"看屋",了解男方的住房、家庭收入、土地情况、兄弟邻里、为人处世等基本情况。四礼为订婚,即女方应允后,男方送彩礼,称作"纳征",彩礼厚薄不一。五礼称为"请期"(俗称选日子),即选择吉日后,男方备年糕、包子等送去女方家,通知成亲迎娶的日期,女方将大部分礼品赠送邻里乡亲,留几个"压蓝"回赠男方,俗称"送日"。六礼为迎亲,新娘出嫁前日,由村里三代双全、家庭和睦、人丁兴旺的老夫妇给新人"绞脸"化妆,并用煮熟的热鸡蛋在新人脸上滚揉至肌肤细腻、白里透红,俗称"开脸"。在给新娘开完脸后,老夫妇紧接着去新房象征性地挪动一下新床,希望夫妻和睦,俗称"安床"。

哭婚 在龙桥镇、龙塘镇有哭婚习俗。新娘在出嫁当日,面对即将离开生养自己的父母、情同手足的兄弟姐妹,面对陌生的新婚生活,哭诉内心的感受,是人类朴实情感的自然流露。她们边哭边唱,内容丰富,场面感人。哭婚的歌词代代相传,已基本定型,充满浓郁的民俗气息。

庆生 产前,娘家人要准备好用破旧衣服做成的尿布,寓意穿百家衣、吃百家饭的孩子好养大,生孩子时剪下的胎盘和脐带,要放入事先准备好的陶罐中,用黄沙掩埋在墙角或床下,等孩子周岁时才拿出处理掉。

报喜 孩子出生后第十二天,由娘家人操办宴席,俗称"吃十二天",并在当天给孩子起名。

（七）乡土民俗

笑官 笑官，即民歌民谣。羊山地区的笑官历史悠久，吟唱内容有生产生活、宗教祭典、饮酒娱乐、亲情爱情等。它以当地方言韵调，口头传唱，一般为七言或四言句。多用比喻设喻的修辞方式，即兴咏唱，其按种类可分为生产生活谣、情歌谣、功世谣和童谣。

遵谭斋戏 斋戏是从古代祭祀活动演变而来的戏剧种类，包含音乐、舞蹈、杂技等内容。是道教文化与戏剧文化相结合的产物，斋分为清斋和幽斋。清斋又叫平安斋，是一种祈福纳祥、保境安民的祭祀活动；幽斋俗称功德斋，其目的是除秽祛邪、扶弱安良、超度亡灵。遵谭斋戏具有四大特征：一是表演时不戴面具，人与人直面交流，折射出羊山人纯真豪爽的性格特征；二是表演形式多元化，边做法边演戏，既能唱又能舞蹈。三是文化底蕴深厚，内容丰富多彩，整个过程包括启师、敬神、祈神、斋戒、还愿、遣瘟、驱疫、补龙、谢师等斋仪。四是宗教色彩浓厚，佛、道贯穿始终。遵谭斋戏已被列为国家非物质文化遗产。

麒麟舞 麒麟舞是一种民间舞蹈，曾广泛流传于琼北火山地区的永兴、遵谭、龙泉等乡镇，每逢节庆、娶妻生子、新宅落成等喜庆活动，常常表演麒麟舞，深受当地人喜爱。麒麟舞一般由雄雌两只麒麟组成，雄性麒麟由土地公引路，雌麒麟则由土地婆引路，两麒麟同场献技，有时汇在一起，齐舞共欢，有时又分两列，各显身手。麒麟舞的精髓在于表现动物逼真的形态及动感，神采威武，动作轻巧伶俐，出洞、挠头、耍尾、舔足、寻青、探青、酸青等动作皆逗人发笑。麒麟舞艺术内涵丰富、武术功底深厚，再加上八音锣鼓，使其更具有观赏性。

水缸情结 琼北地区属火山玄武岩地质，地上少溪流、池塘，水对于当地人来说十分珍贵，过去有"火山水，贵如油"的说法。由于缺水，生活在火山地区的人们极为珍惜水资源，也想尽方法来积存雨水，旧时最为常用的办法就是在门前的屋檐放上成排的大小水缸，雨天的时候将水缸盖打开，让顺着屋檐流下的雨水滴到缸里。这些水可食用，更多的是用于洗澡、刷洗或喂牲口。有时一缸存水可以用10多天甚至更久。因此，水缸成为火山人家财富的象征。

（八）信仰与崇拜

祖师爸 羊山地区石多地少，人们多以小手工艺为生，旧时手工业者每年阴历九月二十七都要祭祀祖师爸，以求授民以技、佐民衣食。

土地公和石狗公 旧时羊山地区人认为土地公能避邪拦妖，护佑平安，而石狗公则忠心守在土地公旁帮助看家护院。

井公 旧时羊山地区每年阴历二月初二禁井，家家户户到井公前烧香祭祀，以祈求水源充足，清甜无毒。

石敢当 石敢当立于羊山地区的街巷之中，特别是丁字路口等要冲的墙上。石碑上刻有"石敢当"，寓以保平安的良好愿望。

（九）崇　拜

麒麟崇拜 羊山地区人民认为麒麟是祥瑞之兽，民间有"麒麟送子""麟吐玉书"等传说。

火崇拜 旧时，神秘莫测的火被神化后，就成为羊山人一个重要的自然崇拜对象。羊山人崇拜融赤公，即古代神话中的祝融。

太阳图腾 在原始崇拜中，太阳给人间带来光明和热量，滋养万物。羊山人在屋脊正中位置用火山石精心雕琢的太阳图腾，周围有炽烈的火焰，又像金乌羽毛，古朴而庄严。

三、湧潭村

湧潭村（古称叠里村）是一个美丽的自然古村，坐落于海口市龙华区遵谭镇。它是海南蔡氏渡琼始祖蔡成（字惟一）的落籍之处，至今仍保留着许多的文物古迹和传统民俗。每年阴历三月十五，海南很多蔡氏子孙都会回到这里追根溯源和祭祖。

走在古老的村道上，到处可以看到用火山石筑砌的民居住宅及围墙。不少石屋历经百年风雨磨砺，虽粗糙不堪，但依然屹立不倒。

湧潭村以其古牌坊、宋代古墓群、古官道、古石屋、古祠庙、珠崖神庙、神岭、古井、靶台、古城墙，以及"五里三进士"、十八杰、明代女杰蔡九等历史文化古迹与名人而闻名，2008年被评为海南"十大文化名村"，2012年入选第一批中国传统村落名录。

湧潭村是海南蔡氏的发祥地，从南宋开村至今已有800多年历史。相传其先祖蔡成初次来到这里，看到绿树成荫、幽静雅致、泉井喷涌的场面，当即下定决心落籍于此。

湧潭村至今仍文风昌盛，村里古庙众多，其中关岳庙最为引人注目（里面同时供奉着关公和岳飞）。此外，始建于1283年的十七流古屋更是具有特色，"十七流"

即十七根椽子与十七路瓦，精湛的建筑工艺让人真切感受到古人的智慧。

（一）概　况

湧潭村地处遵谭镇东部，距离海口市区约 25 km，是海南蔡氏发源地，至今已有 800 多年历史。自宋代起，村内先后有 18 名学子考取进士、举人。现有五里官道、宋代古墓群等省级文物保护单位，以及蔡家大院、十七流古屋等古代琼北地区传统建筑。湧潭村的古牌坊有 14 座之多，在海南乡村名列前茅。2023 年有常住人口 136 户 876 人，土地总面积约 110.53 hm²，村民主要收入来源为劳务输出及种植养殖。

（二）乡村建设

一是改善人居环境。建设垃圾分类亭 1 处，户厕改造 5 户，实行乡村管家"1+N"到户卫生监管模式，招聘 3 名本村村民负责村庄常态化卫生管理。二是完善基础设施。铺设集中化供水管网 2 300 m，提升村内路网 1 700 m，安装路灯 30 盏，建设村史馆等文体活动场所 5 处。提高治理效能。三是修订完善村规民约，融入积分制工作，全村积分制注册户数 136 户，常住户参与率达 100%。

（三）典型经验

一是党建引领清污治乱，古村旧貌换新颜。村党支部走"支部引领、党员带动、群众参与"的路子，带领村民打造牲畜集中养殖基地，集中养殖全村生猪 800 余头，建立一体化的三级化粪池，集中处理基地牲畜粪污，解决了群众发展生产的强烈需求与生态环境改善之间的矛盾。党员干部带头落实"门前三包"政策，引导村民对家禽进行集中圈养，推动农村人居环境持续改善。

二是激活古村闲置资源，产业焕发新活力。活用"旱改水"土整项目，带动盘活周边村庄零散撂荒地 64.4 hm²，利用土整田种植空档期开展"稻—椒""稻—瓜"轮作，累计种植黄灯笼辣椒 23.3 hm²、香瓜 13.3 hm²、青瓜 6.7 hm²，2024 年预计可为村集体增收 30 万元以上，土地流转为村集体、农户增加租金收入 192 万元，聘用本地劳动力共计 612 人次，发放劳务报酬 7.2 万元，实现村集体与农户"双增收"。

三是传承弘扬古村文化，孕育治理新形态。将古村传统"孝学"文化融入村庄治理，以本村"十八杰"精神引导村民向学向正向上，形成"以德治村，以孝治家"村庄治理新形态。湧潭村先后有 120 余名学子进入国内高等院校就读，由村党支部引领带动乡贤成立湧潭教育基金委员会，累计为 90 余名学子发放奖学金 22 万元；大学生自发回村开展"暑假义教"，以实际行动反哺家乡；建立村民议事堂，由党员、耆老乡贤带领群众说事、议事、主事，目前共办结村庄建设、产业发展等重大事项 32 件，调解矛盾 7 起；建立村级社会服务中心，成立义警巡逻队，承担村内消防、安保工作，发挥群防群治作用。

涌潭村助学教育基金会

（四）工作成效

近年来涌潭村被列入中国传统村落名录，名列海南省十大名村榜首，获得"海南省乡村振兴示范村""星级美丽乡村""海南省卫生村""海口市卫生文明村"称号。

涌潭村是龙华区道谭镇东谭村委会管辖下的一个自然村。涌潭立村于宋代，是一个崇文重教、人文蔚起、底蕴丰厚的文化古村。在漫长的科举年代，涌潭村为 18 位举人或进士立有 18 座古牌坊，那是特定时期的文化标志、人文遗产。村里还有立于唐代的"石敢当"、建于宋代的古屋、建于元代的打更楼以及筑于明代的古官道，这些丰厚的文化财富在海南人口文化史上具有重大的社会价值与历史价值。

（五）涌潭村文物古迹

古官道 涌潭村是海南蔡氏发源地。该村民风淳朴，崇贤尚德、尊师重教、人才辈出，文化底蕴深厚。明代，何村的何其义、云庵村的林杰、涌潭村的蔡一德先后科考中了进士，人们奔走相告："五里三进士呵！"一时轰动琼州各地。琼州府为了奖励前贤、激励后学，拨付款项并发动民众在何村、云庵村、涌潭村之间铺设石板路，修筑成世代民众传颂的古官道。现古官道两旁林木茂密、花果飘香。漫步其上，可遥想当年进士们骑马回归故里,鸣锣开道,鼓乐齐鸣,欢声雷动,场面何其热闹。

石屋存古风 湧潭村除有众多宗祠、庙宇外,尚保存有古宅 13 间,其中有元代举人蔡有开故居、明代举人蔡士储旧居、明代进士蔡一德旧居、十七流古屋(建于 1283 年)等。这些用火山石砌成的古屋,体现着海南明清时期的规划理念和建筑风格,堪称古代海南民居建筑的活标本,具有一定的文物价值。

"雅礼"之地古墓群 蔡氏先祖陵园,始建于南宋时期,至今已有 800 余年,历史久远,文化厚积,墓葬形制独特,保存完好,具有一定的地域文化特色,是海南为数不多的大型古墓群之一。海南蔡氏始祖蔡惟一(举人)于南宋 1165 年贬居叠里村(现湧潭村)当教书先生。蔡惟一于 1200 年逝世后葬于此地,部分后人也葬于此地。每年阴历三月十五海南蔡氏子孙都在这里隆重举行祭祖活动,人山人海,热闹非凡。

贞寿坊 乾隆二十一年(1756 年)为享年 103 岁的莫氏所立的贞寿坊,是古代琼州府 4 座贞寿牌坊之一。莫氏为清代湧潭村蔡子荷之妻,其子考中贡生。

(六)文化名人

始祖蔡成 蔡成(1123—1200 年)是海南蔡姓渡琼始祖,字朝器,号惟一。南宋福建莆田仙游县人,为蔡氏七十七世祖,琼蔡氏始祖,官授从仕郎,历任福建仙游县主簿、建安知县,后任建宁府通判,迁户部给事中除阁门纲使。乾道元年(1165 年)被陷害贬至琼州,迁居叠里村(现湧潭村)。

蔡成公像

明代女杰蔡九娘 史志记载:蔡九娘,叠里村(今湧潭村)人,是总管千户蔡克宪之女,元末寇乱,叠里村屡遭袭扰,她统领其父所辖的士兵奋起抗击,及至弹尽粮绝,舍生忘死,书写了海南巾帼之传奇。

进士举人十八杰 湧潭村始建于南宋末年,是一个地灵人杰、人文蔚起、底蕴深厚的文化古村。典籍记载:从宋代至明清时期,仅湧潭一村就出了18位进士举人,被誉为"十八杰"。

(七) 传统民俗文化

孩童入学拜圣公 古时祠堂是负有双重使命的,除了祭拜祖宗,它还是村里的小学堂。孩童初入学堂的第一天,都要先举行"进孔门"的祭孔仪式,即"开笔礼"(俗称"启蒙")。仪式结束后,学生们便可入学读书了。

远去的"哭婚" 旧时的男婚女嫁,一般都是在年幼之时,由双方父母"红纸订婚"。待到女大当嫁了,新娘必须在举行婚礼的前几天至进入花轿之时,由新娘的母亲及家属陪伴,通宵达旦地"哭婚",以表达对父母与手足至亲的不舍之情。

四、昌学村

(一) 基本情况

昌学村是海口市龙华区龙桥镇挺丰村的一个自然村,距离海口市中心区仅20 min车程,到海口美兰国际机场16 km,到海口东站10 km。建设的总体思路是以打造动漫专业人才的生活和工作区为基础,一方面以专业人才生活配套以及产业发展配套作为乡村经济的基本保障,另一方面凭借核心区的产业龙头企业效应不断吸引更多专业人才来到龙华昌学动漫小镇,最终形成以龙华昌学动漫古村为产业核心区,周边村落为产业延展的乡村特色文化科技产业集群,使动漫及相关产业成为乡村经济可持续发展的原动力。动漫小镇项目以5个村庄的自然资源特色为空间基础,以昌学村为"创作会客厅",保明村为"创意动漫街",昌荣村为"区域服务核",博片村为"数字人才场",王廷村为"特色艺术林",布局动漫产业链的上中下游,并构筑了一条环形生态绿道衔接5个村落。

(二) 崇学重教传佳话

昌学村位于海口市龙华区龙桥镇,村子向北200 m便是环城高速,毗邻冯小刚电影公社。传统古老的火山石屋,枝繁叶茂的参天古树,正是昌学村独有的历史底蕴。"兄弟同科"、崇学重教是昌学村广为流传的佳话。时至今日,村中还保留有古牌坊、宜兴碑以及清代"院试兄弟同科""廪贡明经进士"的牌匾,作为历史佳话和古村过往荣光的见证。后来村里掀起一股盛学之风,村名昌学由此得来。

(三) 兄弟同科考取功名

据民国《琼山县志》记载:"吴恒谦,廪贡生,昌学村人,廉静寡欲,为文古朴,寿八十四。"廪贡即清代的"例贡"。昌学村的吴氏老宅中至今还留存着"传家之宝"——吴恒谦、吴恒升兄弟同科考取功名时的4块牌匾。

(四) 动漫特色产业小镇

作为海口市学习总结浙江省"千万工程"经验打造的示范样板之一,昌学村以建设宜居宜业和美乡村为目标,引入社会资本因地制宜发展动漫产业,有效带动村集体经济发展,绘就一幅村美民富产业兴的"和美乡村"新画卷。2021年7月,挺丰村被列为乡村振兴示范村,并确定以昌学村民小组为核心,规划打造"动漫产业+本土羊山文化"的动漫特色产业小镇。2022年6月,武汉流浪草动漫文化有限公司负责人李凯在考察昌学村时被其生态环境和古村风貌打动,打造了动漫产业平台"燚界·漫创社",成立了动漫创业孵化基地、动漫行业促进会和基金管理公司。目前,该平台已吸引近110位漫画家入驻,其中不乏高层次人才和创新创业人才。这些人才的到来,不仅为昌学村注入了新的活力,也提升了整个乡村的文化氛围和创新能力。

昌学动漫特色产业小镇

截至2023年,已有覆盖动漫制作发行、设计,动漫周边衍生品开发和销售,以及动漫行业展会策划与执行等领域的 20 家公司、21 家个人工作室入驻了"燚界·漫创社"。他们创作的《斗罗大陆》《你的声音》等多部漫画作品获得业内及政府的年度奖项,更有了多部百万读者级的平台头部作品,互联网读者已近 5 000 万人。动漫产业的发展也为昌学村带来了可观的经济效益。动漫产业之所以能够带动乡村经济,原因是多方面的。动漫产业具有高度的创意性和文化性,能够吸引大量的年轻人和创意人才;动漫产业具有强大的产业链效应,能够带动相关产业的发展,如玩具制造、动漫衍生品销售等,进一步推动乡村经济的多元化发展。动漫产业的成功也离不开政府的支持和引导,政府对动漫产业的扶持和优惠政策,为动漫企业在乡村的发展提供了有力的保障。昌学村的动漫主题集市、动漫主题农场、动漫主题生态餐吧、椰雕文化体验园、动漫便利店等业态逐步形成。昌学村会继续将动漫小镇项目打造成为集知识性、娱乐性、社交性于一体的文旅景点,以及人才聚集、产业兴旺、带动村集体经济共同发展的乡村振兴示范项目。昌学村被海南省农业农村厅评为"2021 年海南省特色产业小镇"。

为壮大特色产业、提升乡村治理效能,昌学村推行"物业管乡村"模式,由村集体与企业共同组建物业公司,不仅解决村民就近就业问题,还引进动漫餐厅、昆虫部落等相关业态,进一步发展壮大村集体经济,累计营收已超过 280 万元。

(五)"燚界·漫创社"发展史

1. 漫创社创建的起因

每个动漫创作者心里都有一个"世外桃源"梦,好的生活环境即是好的创作环境。区位优势明显且闹中取静的昌学村刚好满足了他们心中所向往的生活环境。动漫行业对土地、空间等传统的生产资料需求不大,不受地域的限制。有网、有电、有基本的生活配套,创作者就制作优秀的作品,昌学村的人居环境给创作者提供了基础保障。

动漫产业是智力密集型、劳动密集型、技术密集型的产业,需要大量的专业人才。在海南自贸港的政策背景下,越来越多的专业人才愿意来海南寻求发展。

2. 漫创社的发展

2022 年,动漫产业入驻到昌学村,盘活了 11 栋闲置民宅,83 位动漫专业人才入住成为新村民,开始在这里生活和创作。动漫大楼命名为"燚界·漫创社","燚界"寓意这里是一个平安如意的二次元异世界,"漫创社"代表着搭建一个动漫创作者们互助合作的平台。村集体公司与漫创社合资成立了海南龙华昌学物业服务有限公司;打造"物业进乡村",为村庄提供城市生活"标配"的产业化物业服务,探索产业带动集体经济共同发展和村庄物业化管理的新模式。漫创社平台被认定为海口市市级创业孵化基地。

2023年，漫创社平台被认定为海南国际设计岛示范基地，并命名为"漫创社数字创意设计基地"，与海南大学、海口经济学院、海南软件职业技术学院共同成立了实训基地。截至2023年，入驻昌学村的动漫企业有45家，专业人才有114人，另外有后勤及管理人员9人，以及家属29人；有37位本地大学实习生，有12名本村村民就业，有4名知名漫画家和2名动漫企业负责人分别被认定为海南省高层次人才和创新创业人才，有16位专业人才办理了落户，另外还有28位准备落户海南；产业的总营业收入1.2亿元，在当地的纳税总额为500多万元。

3. 发展规划

首先，引入以动漫制作、动漫人工智能（AI）应用及内容出海等高附加值产业为主要方向的企业，争取形成国内初具规模效应的动漫产业细分领域聚集区。其次，打造本地品牌动漫活动，将线上的年轻人引流到线下，吸引他们来到海南，来到海口，来到龙华昌学动漫小镇。最后，成立文化产业基金，为动漫小镇产业孵化平台的入驻企业赋能。

五、金花村

金花村古称下田村，位于海口市琼山区府城社区内，与海口市的攀丹村、文山村和三亚的水南村被称为"海南四大文化名村"。金花村历史悠久，文化底蕴深厚，明代名贤丘濬、海瑞、许子伟皆出于此，故有"一里出三贤"之美誉。

金花村内古迹颇多，其中，丘濬故居被列入全国重点文物保护单位，吴氏民居被列入海南省文物保护单位。

（一）丘濬故居

1. 丘濬故居简介

丘濬故居建于明代洪武年间（1368—1398年），位于海口市琼山区府城街道金花三巷9号，原有"丘氏十八屋"之说。现存建筑由外围院墙、院门、照壁、前堂、可继堂及可继堂前北侧厢房遗址等组成，建筑面积210 m^2。1996年被评为全国重点文物保护单位。

如今在丘濬故居的大院门口，悬挂着由国家文物局著名古建筑专家、书法家罗哲文题写的"丘浚故居"四个大字，金黄色的字体在黑底的反衬下熠熠生辉。

可继堂是丘家的正寝，位于前堂之后，面阔三间，梁架用十架椽屋。明间前后插廊采用明伏做法，是祭祖和议事的场所；次间金柱则用草伏做法，是长辈的居室。丘浚就诞生在可继堂的南次间。门框两边书写着一副门题：可继堂中承德泽，尚书万里传字香。相传，丘浚的祖父丘普是琼山府城有名的良医，平生只有1子，名丘传。丘传在丘普59岁时（1427年）早逝，幸好为丘普生下了2个孙子，长孙为丘源，次孙为丘浚。丘普觉得丘家后继有人，便在这座堂屋上题写一幅堂楣对句"嗟无一子堪供老，喜有双孙可继宗"，从此，这座寝屋便更名为可继堂。可继堂是海南省现存最古老、工艺水平高超的木结构建筑之一。

2. 丘浚简介

朱元璋建立明朝后，其在《劳海南卫指挥敕》中写下"南溟浩瀚，中有奇甸数千里"，首次把海南喻作大海中一块物产丰富、风光旖旎的"奇甸"，从而引发了海南历史上第一次的大开发、大发展。明朝是封建社会海南经济、文化发展的鼎盛时期，文风蔚起，人才辈出。"琼州双璧""一里三贤""一期三足""海南四绝""父子进士"成为千古传颂的佳话。而在海南历史上如繁星闪烁的文化名人中，丘浚就是这个时期最闪耀的一颗。

丘浚是明代著名的大儒、重臣，其一生以"博学"著称，有一代文章之宗的美誉。入仕41年官至一品，位极人臣，是古代官职最高的海南人。一生为官，清廉之名、著述之多、思想响之远、历史地位之高，都首屈一指。丘浚墓1996年被列为全国重点文物保护单位，2013年在原墓址进行了全面保护修缮，并增建了丘浚陈列馆，展示其忠君、爱民、清廉的一生。

丘浚一生著作丰富，在各个领域都有非常深的造诣。他精通经济，所著《大学衍义补》一书的经济观点早于西方两个世纪；他在文学方面"诗文满天下"，可谓之"通儒"。《明史》赞他"以博综闻"。明代史籍记载，丘浚人不可及者有三：一是毕生好学，至老手不释卷；二是诗文满天下，不为显贵作；三是任官41年自处如韦布，身后治装唯遗图书数万卷，其廉洁可知。寥寥数语，概括了丘浚既平凡又伟大的人生。

与海瑞并称为"海南双璧" 丘浚是明代中叶著名的经世儒臣，是岭南最早的朱子理学笃信者及实践者，他用实际行动践行了儒家经世致用的思想，成为明末清初经世实学思潮的先行者。他的经典著作《大学衍义补》，是一部封建帝王治理国家的参考书，也是一部古代总结性的治国百科全书。丘浚是著名的经济思想家，他在世界上最早提出"劳动创造价值"的思想，为他获得了"中国的亚当·斯密"的称号。

丘濬作为中国历史名人，与同处明代且为同乡的海瑞并称为"海南双璧"。

流芳百世的鸿儒 丘濬为人之子，尽心尽责，恪守孝道；为人之夫，与妻相敬如宾；为人之父，循循善诱，管教有方。当丘濬赴京城考功名，将母亲与妻子留在家中时，婆媳相互照顾，婆婆视儿媳如己出，儿媳视婆婆如亲妈。婆媳之间能友好相处，实与丘濬敬母爱妻密切相关。丘濬饱读孔孟经典，深谙程朱理学。但是当程朱理学成为明代的官方哲学，其发展日益背离初衷，弊端逐渐暴露，坠入寻章摘句、支离烦琐之途。丘濬公开反对空谈心性、束书不观、游谈无根、死读书与读死书。他主张经世致用，实事求是；主张回归儒家原典，即把学术研究从儒家经典扩大到自然、社会和思想文化领域，将天文、地理、河漕、山岳、风俗、兵革、田赋、典礼、制度等全部列入学问探究之列。现代台湾学者苏云峰评价丘濬是明代中叶最伟大的学者之一，他晚年作了宰相，奠定了弘治中兴的基础。他一生勤于研究，著作等身。列宁称丘濬是"中国十五世纪最杰出人物""人类中世纪最伟大的经济学家"。

助推家乡教育 丘濬到京城任官后仅有一次返回阔别十几年的家乡，其因是母亲去世，他向朝廷告了丁忧假回乡守制。丘濬在守制期间，除了坚持不懈地进行学术研究外，还全身心地致力于海南教育事业的发展，积极奔走和呼吁，请当地官员与绅商出资助教。他邀请琼山地方官员与镇守海南的监察御史涂伯辅等人一起，修复了琼山县学，并就近购买土地，扩充学校规模，使琼山县学和琼州府学都得到了较大的发展。面对琼山书籍资源极缺的状况，丘濬又筹建了图书室，为学生提供精神食粮和阅读之便。在当地官府、乡绅和丘溶等开明人士的重视与推动下，海南的教育有了长足的进步和发展，琼山县（今海口市琼山区）在明清两代人才辈出。明代海南中举人近600人、进士60余人。清代中举人约200人、进士30余人。从宋代到清代，在海南767名举人中，琼山有358人；在106名进士中，琼山有57人。琼山的进士人数高出明清时期全国县份进士的平均人数。这与丘濬在家乡大力推动教育发展有密切的关系。为了纪念丘濬对海南教育事业的贡献，清康熙四十年（1701年），当地官府着手创办琼台书院，该书院在清代是海南的最高学府，这是对丘濬教育功绩的肯定和褒扬。

（二）琼台书院

1. 琼台书院简介

琼台书院位于海南省海口市琼山区府城中山路8号，不仅是海南名胜古迹，还是海南省旅游涉外定点单位，书院的奎星楼是海南省重点文物保护单位。琼台书院是后人为纪念海南第一才子、明朝大学士丘濬而建。

琼台书院

琼台书院于清康熙四十四年（1705年）建成，据传由于丘浚号琼台，人称琼台先生，故书院由此得名，现在是琼台师范学院的府城校区。1902年，琼台书院改制办新学，更名为琼州府中学堂，此后几经易名，从琼崖中学、广东省立第六师范学校、琼崖师范学校到琼台师范学院，经历了300余年的漫长岁月，是海南教育发展的历史见证。

悠悠哉庠序，佼佼兮琼台。一直以来，琼台师生秉承"无负海山、敢为琼先"的精神，"曾向吾门求鼎笔，亦从此处借天梯"，300年辗转尽风华。从清代海南学子登科入仕的必由之路，到近代孙中山民主革命思想的宣传阵地、琼崖（海南旧称琼崖）新文化运动的中心、琼崖最早传播马克思主义的阵地，再到中国共产党海南最早的活动基地和孕育琼崖革命早期领导人的沃土，先后涌现出徐成章、杨善集、王文明、冯平、周士第、王海萍、谢飞等一大批优秀学子，为琼崖党组织成立以及海南的解放、建设与发展，为海南社会的文明和进步，作出了不可替代的贡献，是名副其实的琼崖革命思想摇篮。中共琼崖第一次代表大会选举产生的13名地委委员中，有9名委员是琼台师生，特派员杨善集也是琼台校友。

新中国成立以来，琼台书院继承和发扬百年来形成的革命思想孕育、马克思主义传播、红色人才培养的光荣传统，全面落实立德树人根本任务，秉持"宣德育人、衍道敦行"的校训精神和"品学兼优、一专多能"的育人特色，办学层次逐步提升，办学规模日益壮大，教育教学质量日益提高，为社会输送了10余万名社会主义建设者和革命接班人，培养出数百名特级教师、教学名师和教育管理者。特别是进入21世纪以来，琼台在师资培养、支援三沙、脱贫攻坚方面贡献了力量，把自身的发展融入海南自贸港建设的伟大征程中。

2. 书院文化的传承

宋代是海南文化教育兴起的重要时期，庆历年间（1041—1048年）官学郡守宋守之首先在琼山兴办琼州府学。同年,儋州州学宣告成立。随后海南各州县相继开办学堂。"学校之设遍天下,而海内文治彬彬矣。"

明朝万历四年(1576年),王弘海上疏《请改海南兵备兼提学疏》,请求授权广东省驻海南兵备副使兼管科考事宜,允许在琼州(今海口)单独设立院试、乡试考场,得到万历皇帝准许,史称"奏考回琼"。此后,凡由提学主管的考试均在琼州举行(指岁考和科考,乡试和会试仍须北渡赴试),极大地方便了琼州学子。

明代也是海南古代书院兴盛的时期。自明正德初年(1511年)至明末,海南书院渐次兴建,尤以嘉靖、万历两朝为最盛。按性质分为官办、官民合办、民办3种;按生源和管辖区域分为道府办、州县办、各县乡本地绅士(致仕官员)个人办或合伙创办等。

书院是古代官学的重要补充,而明代海南书院的发展繁荣,对海南文教的发展起到了重要的推动作用,在一定程度上促进了明清两代海南科甲盛况的出现。

六、新坡镇

海口市龙华区新坡镇汉朝时期属珠崖郡潭都县,唐朝属琼山县。宋朝、元朝、明朝、清朝属琼山县仁政乡。民国时期属广东省琼崖道琼山县二区(后改为十三区)。1950年5月成立东桥乡;1961年6月,改乡成立新坡人民公社;1983年9月撤社设新坡区;1987年3月撤区设新坡镇;2002年琼山市与海口市合并后属海口市龙华区管辖。

2009年政府机构改革后,新坡镇下辖文山、文丰、新村、雄丰、农丰、群益、新彩、群丰、民丰,新坡、光荣、仁南和仁里13个村委会,51个村民小组,辖区总户数9 554户,总人口37 885人,常住人口27 649人。

新坡镇位于海口市龙华区南部,地处南渡江边,江南面是定安县定城镇,江东和本市琼山区旧州镇隔江相望,西与海口市秀英区东山镇毗邻,北和琼山区遵谭镇、龙泉镇接壤。全镇土地总面积5 412 hm²,现有耕地面积1 840.4 hm²,其中水旱田1 289.9 hm²,旱地550.5 hm²。新坡镇地势西北部高东南部低,大部分地区海拔15~46 m,局部达49 m。东南部是南渡江冲积平原沙土区,宜种水稻、甘薯、瓜菜等,是海口市粮食、瓜菜主要产地之一;西北部的仁里村、仁南村属羊山地区,土壤为玄武岩风化红壤,宜种经济作物和热带作物。新坡镇自然气候和全区各镇差异不大,高温多雨,夏秋多雨、冬春少雨。南渡江下游横穿6个行政村,长约9 km,有北宋沟、塘钦溪、南天溪、月塘溪等水系。

新坡镇是海南十大文化古镇,是海南国际旅游岛一日游的好去处,有"五朝八遗迹":隋朝开皇十一年(591年)冼夫人在新坡镇开府设帐的"营房"遗址;唐朝乾元二年(759年)琼山县丞袁士峻,任满后在新坡镇"设墟集市"遗址;宋朝仁宗年间(1023—1063年),仁政乡治开设的"仁大墟市"遗址;宋皇祐年间(1049—1054年),陈念和梁公在旧村通郁沙村建的"郁沙石桥"遗址;宋淳熙年间(1174—1189年),陈应斌构书舍于沧浪水(即南溪上游),所建"鹦鹉书舍"(书院)遗址;元朝至正二十六年(1366年),琼州同知陈太郎因犯朝事件,后裔移往美位村,其原宅基与墓场(云庵村)遗址;元至正年间(1341—1368年),朝廷在原仁政乡治设急递公文铺,称作"麻三铺",有铺丁(兵卒)5人,今遗址尚在;明洪武二年(1369年)在今新坡墟旁设烽火台防止海盗侵扰的遗址。此外,还有"新坡镇八大景":八仙戏水(八仙泉)、冼馆朝拜(冼夫人纪念馆)、北宋古墓(沃宋村)、云庵慈悲(云庵村)、榕树谈古(梁沙村)、牌坊寻幽(卜宅村)、文山垂钓(文山村)和绿柳塘柳(塘柳村)。

镇区建设规划范围西至东线高速公路,东到民丰行政村的沃坡村(不包括),北到光荣行政村的保礼村(不包括)、南到新坡村(包括)和南坡仔村(不包括),规划范围总面积181.65 hm²,镇区建设用地面积179.91 hm²。在全镇范围内打造了五大产业园区:冼夫人文化产业园、兰花产业园、文山沉香产业园、石斛健康产业园、蔬菜产业园。

(一)文山村

1. 基本情况

文山村位于新坡镇最南边,距海口市约30 km、距新坡墟6 km,是龙华区最偏远的一个革命老区。全村517户,2 385人,村活动场所面积4 000余m²,有6个坊,分别为村头坊、上玉露坊、下玉露坊、自来坊、厚道坊、甘泉坊,水旱田面积176.7 hm²,水面面积逾66.7 hm²,荒山逾333.3 hm²,文山村大部分为周姓人氏。

2. 村"两委"班子整体情况

目前有村"两委"干部6名,书记助理1名,村务监督委员3名,村正副小组长12名,村民代表39名,文山村党支部共有党员54名(含预备党员2名),其中,女性党员9名,45岁以上党员25名,大专以上学历党员16名。

3. 村集体产业

文山村集体产业包括逾4.7 hm²荷花产业,3.3 hm²澳洲蓝龙虾产业,3.3 hm²蔬菜产业。

4. 历史文化

文山村周家先相周秀梅公，祖籍福建莆田甘蔗园村，进士出身，翰林院学士。当时南宋战乱，为了避祸，绍熙五年（1194年）携子周榜湘（进士、大理寺评事）渡琼，居于原琼山县遵都图（今遵谭镇）秀梅里，秀梅公渡琼后，继配颜氏，生一子周榜源。周榜湘于宝祐六年（1258年）中解元登进士，后来周秀梅的长支第四代周榘，迁居员山里（今文山村），在这里落地生根，生息繁衍。从此文山村成为琼州大地一个人杰地灵之地。文山村重教育，村民以"耕读传世"为荣。自南宋以来，村里一直有社学，一代代周氏子弟"焚膏继日，秉烛夜读"，成就学业。先后出了周宾、周宗本、周世昭3名进士，15名举人、58名贡生。文山村因周氏进士世家而闻名琼州，自南宋起已有千余年历史，成为海南四大古文化村之一。

（二）农丰村

1. 基本情况

农丰村位于海口市龙华区新坡镇南部，距新坡墟5 km，东至南渡江，西到塘柳塘，南至三元旧墟，北至群益田洋。农丰村下辖林排、下屯、涵乐坡3个村民小组，共有农户351户，农业人口1 470人，其中林排村148户，618人；涵乐坡112户，463人；下屯村91，户389人。农丰村设党总支，村"两委"干部8人，林排、下屯、涵乐坡3个村民小组各设1个党支部，共有党员53人。全村土地69.3 hm²，其中耕地面积50.3 hm²，人均耕地面积约0.03 hm²。

2. 经济产业

2018年底，在时任农丰村第一书记、乡村振兴工作队的带领下，农丰村成立农丰惠蔬菜种植专业合作社，发展村集体经济，重点种植叶菜、冬季瓜菜、生态米。目前流转全村土地近百亩，打造了"浓丰农"系列品牌。

2022年种植的2 hm² 螺丝椒与豇豆，收购均价最高达到了6元/kg以上，2022年上半年营收超过50万元，发放工人工资超过20万元，解决村里40余人的就业问题，实现了集体经济增产、村民增收的目标。

（三）群丰村

群丰村位于新坡镇的东部，距新坡墟2 km，东至南渡江，西到陈村坡，南邻东山仔村，北接民丰村沃坡、梁陈村田坡，下辖南坡仔、旺太、曰富、玉彩4个自然村，总面积197.5 hm²，耕地面积168.2 hm²。村民主要经济收入以水稻、瓜菜种植为主,外出务工、制作扫把为辅,2020年人均收入1.35万元。

(四) 文丰村

1. 基本情况

文丰村坐落于南渡江畔,距离新坡镇政府约8 km,东临东线高速公路,南面和定安县城离江相望,西和秀英区东山镇相邻,北面和文山、雄丰两村交界,下辖仙头、卜通两个自然村,总人口3 600人,其中农业人口729户2 982人,耕地面积99.8 hm²。文丰村委会成立于1995年,"两委"干部8名,村务监督委员会5名,村民小组正副组长6名,村民代表38名,活动场所面积超过5 000 m²;文丰村党支部现有党员45名,其中女性党员8名,大专以上学历党员5名,高中、中专学历党员20名。

2. 村生产发展情况

文丰村属于平原地带,主要经济收入以水稻、瓜菜等种植业为主,以外出打工为辅,目前正在推进卜通蔬菜种植基地和仙头圣女果种植基地的建设,后期还会陆续加大其他产业的发展,打造"一村多品",让村民在家门口实现就业,为致富提供更多的途径。

(五) 雄丰村

雄丰村党支部共有党员62名,"两委"干部9名,村民小组长5名,村民小组副组长6名,监督委员5名。

雄丰行政村位于新坡镇南部,距离新坡墟5 km,东至塘柳村,西邻文山村,南至文丰村,北邻博文村田洋,耕地面积约158.3 hm²,主要经济作物为水稻和瓜菜。雄丰村委会共有塘柳、云山、上东洋、下东洋4个自然村,5个村民小组,共有农户651户,总人口2 720人,主要经济产业为水稻、瓜菜种植,以及牛、羊和渔业养殖。

(六) 仁南村

1. 基本情况

仁南村位于新坡镇西部,距新坡墟约2 km,南达田头坡大桥,北邻云庵村。共有农户674户,人口2 986人,村"两委"干部9人,党员54人。全村林地面积445.5 hm²,耕地面积259.1 hm²,其中水田53.7 hm²,坡地205.3 hm²。

2. 村生产发展情况

仁南村属于羊山地区,主要经济收入以水稻、瓜菜等种植业为主,以猪、牛、羊等养殖业和外出打工为辅。近年来在区委区政府、镇党委政府的大力支持下，仁南村先后落地光伏发电项目、"稻虾共生"澳洲淡水蓝龙虾养殖基地、仁南村儒佐食用菌养殖基地，发挥产业集聚和带动效应，同时挂靠潭丰洋湿地公园发展乡村旅游、采摘、农家乐等产业，打造独具特色的"一村多品"，让村民在家门口实现就业，为致富铺平了道路。

（七）民丰村

民丰村位于新坡镇东部，距新坡墟1 km。东至南渡江岸，南连旺泰村田地接界，西和雅周村、新坡村、南坡村相邻，北和梁沙田洋接壤。民丰村辖有梁陈村、沃坡村、保创村3个自然村，耕地面积118.5 hm²，其中种植地毡草坪92 hm²，总人口2 934人，共有农户714户。有梁、陈、周、杜、林、冯6个姓氏居住，其中以杜、梁、周姓占多数。主要经济产业是种植瓜、菜以及地毡草坪，实行种、管、卖一条龙管理，全年收入非常可观。为保护农田，民丰村近期开展了耕地"非农化"的整治工作，日后村内将不再种植地毡草坪，改为种植农作物。

全村共有党员94名，男性党员73个，女性党员21个，35岁以下党员19名，36~64岁党员52名，65岁以上党员23名，村"两委"干部9名，其中交叉任职4名，另外还有村级后备干部6名。

民丰村创新支部工作法，不断激发党员参与党内生活的积极性、主动性和创造性。联合村内乡贤能人，大力开展村内文娱活动，采取党员干部和村民喜闻乐见的形式开展球赛等竞技，弘扬"健康民丰"主旋律，传播锐意进取正能量。为发展壮大村集体经济，成立了海民农业发展有限公司，在村党支部的带领下，积极谋划调整产业结构，走特色生态产业的道路。

（八）群益村

1. 基本情况

群益村位于新坡镇的中部，距新坡墟2 km，东至玉彩村，西到海南东线高速公路，南达涵乐坡村田洋，北邻新安村、南坡地，辖东山仔村和前村两个自然村。群益村总面积146.7 hm²，农田面积95.7 hm²，建筑面积110 945 m²，绿化带面积约2 638 m²，公共场所和交通道路全部硬化建设。

2. 村生产发展情况

群益行政村主要经济产业是种植水稻及蔬菜。

（九）新村

1. 基本情况

新村地处新坡镇南面，南渡江畔。距新坡墟5 km，东至南渡江，西至海南东线高速公路，南到南渡江，北至塘头沟。新村辖新村头和新村尾2个村民小组。现有538户，人口2 100人，常住户数368户，常住人口1 583人，长期外出户数170户，长期外出人口517人。有蒙、郑、何、黎、杨、吴和周7个姓氏居住。耕地面积76 hm^2，没有林地和坡地。村"两委"干部7名，村民代表33名，其中新村头15名，新村尾18名，党员54名，预备党员1名，入党积极分子4名，振兴工作队成员3名。主要经济产业以农业生产为主，长期种植水稻、蔬菜等农作物。

2. 村生产发展情况

新村党支部坚持发挥党建引领的作用，整合资源，统筹谋划，科学布局，连片开发，先后大力发展甘薯种植和辣椒种植产业，以产业为突破口发展壮大村集体经济，引领带动村民增收，为村庄建设谋新篇开新局。

（十）新坡村

1. 基本情况

新坡村位于新坡镇冼夫人大道与新坡大道交叉口东100 m，新坡镇政府办公地点在新坡村的新坡墟。新坡村东至梁沙田洋，西至长钦溪，南到新坡仔村和博女村，北邻月塘村和保礼村，下辖梁沙、雅周、新坡、新民、新安和新坡墟6个自然村，全村耕地面积257.5 hm^2，共有农户1 708户，农业人口5 473人。全村共有党员102名，其中35岁以下党员26名，65岁以上党员30名，女党员23名，退役军人党员23名。村"两委"干部有8名，交叉任职率50%；有书记助理1名，村务顾问1人，董事会成员3人，监事会成员3人，监督委员会5人，经济社小组正副组长共17人。

2. 村生产发展情况

主要经济收入以水稻、瓜菜等种植业为主，以猪、牛、羊等养殖业以及外出打工为辅。在发展壮大村集体经济方面，2020年谋划以泰国矮种椰子作为主要产业，以新安村为试点完成了道路两边及南北两侧约20 hm^{2}椰子的种植，特色种植也为发展休闲观光农业奠定了基础。

（十一）光荣村

1. 基本情况

光荣村位于新坡镇东北部，距新坡墟1 km。东至梁沙洋，西与仁里村和仁台相邻，南至梁沙村，北与龙泉镇蛟龙村、仁新村接壤，下辖月塘村、保礼村、下市村3个自然村，共有农户5 669户，农业人口2 344人，村"两委"干部9人，党员80人，全村耕地面积155 hm²。全村有陈、梁、王、袁、吴、李、许、杨、白和欧10个姓氏。

2. 村生产发展情况

光荣行政村主要经济产业是种植水稻、瓜菜。

（十二）新彩村

1. 基本情况

新彩村位于新坡镇的中部，东至新安村，西邻田头农场，南到前村田洋，北接塘钦坡地，下辖卜文、田头两个自然村，农户704户（卜文村382户、田头村322户），户籍人口2 939人（卜文村1 561人、田头村1 378人），村"两委"干部9人，全村耕地面积136.3 hm²。

2. 村生产发展情况

新彩村主要经济产业是种水稻和瓜菜。

（十三）仁里村

1. 基本情况

仁里村位于新坡镇西北部，距离新坡墟5 km，东邻龙泉镇，西至东山镇，南到仁南行政村，北接遵谭镇。仁里村交通便利，从海南东线高速公路有直达仁里村的旅游公路（仁里段4 km）。仁里村面积1 006.5 hm²，其中耕地324.9 hm²，林地423.3 hm²，荒山地258.3 hm²。

仁里村主要经济产业以农业生产为主，长期种植瓜菜、石斛、鹧鸪茶等农作物，其中瓜菜种植面积53.3 hm²，覆盖120户；槟榔种植面积50 hm²（其中13.3 hm²已有收获，其余为种苗），覆盖35户；水稻种植7 hm²，覆盖23户；鹧鸪茶种植22.5 hm²，覆盖55户。养殖品种主要是生猪、牛、羊、鸡、鸭、鹅等。

2. 仁里村党建引领乡村振兴工作情况

仁里村逐步增强"两委"班子建设，依靠党建引领，村集体经济实现了从"0"到"1"的突破，主要措施：一是聚焦组织建设，建强乡村振兴基层组织堡垒；二是聚焦产业发展，厚积乡村振兴经济发展动能；三是聚焦红色文化，试点乡村振兴红色美丽村庄。

3. 仁台村

仁台村位于海口市龙华区新坡镇西北部，属羊山地区，是仁里行政村的一个自然村，距海口市中心约 30 km，是海南省著名的红色革命村庄，在土地革命期间，仁台村曾是中共原琼山临时县委的所在地，也是琼山十三区琼崖纵队的革命根据地。仁台村还有传承多年的"缸文化"，"数缸嫁女"的传统婚嫁习俗至今为人乐道。

4. 斌腾村

斌腾村是海口市龙华区新坡镇仁里行政村的一个自然村，距海口市区约 25 km。村内一条 3.5 m 宽的水泥道路将这个小山村环抱其中，纵横巷道合理布局，古屋新房各有特色，沿村边有 3 个比较深的火山口，呈"品"字形成，入村始祖给这 3 个火山口分别取名"文安谷""武康谷""腾福谷"，意在文武腾飞，祝愿斌腾人安康幸福，斌腾村名也出于此。

斌腾村是当地知名的石斛种植基地，在火山石上种植石斛，发展乡村经济。如今，植在树上、火山石上的石斛俨然已成村内一道花石相映、花树并茂的独特风景。

5. 卜茂村

卜茂村是仁里行政村的一个自然村。卜茂村的潭丰洋湿地公园以千亩湿地而闻名，潭丰洋湿地总面积 666.7 hm^2，是海口唯一的黑土地的大田洋，也是海口市境内生态完整性、生物多样性最好的湿地之一，具有非常高的观赏性。目前在湿地范围内发现植物 300 余种，其中国家二级保护植物 4 种，珍稀植物 2 种，具有代表性的有海南梧桐、水菜花、野生眉、水蕨、水角等；发现鸟类 50 余种，其中保护鸟类 40 余种，具有代表性的有红原鸡、褐翅鸦鹃等。潭丰洋湿地公园的湿地类型丰富，在五大湿地类型中，潭丰洋湿地占有河流湿地、湖泊湿地、沼泽湿地以及库塘湿地 4 类，从不同视角可见 4 种不同的地貌景观，浑然天成的火山石八卦阵、火山石田洋，成方连片的灌丛沼泽，还有自湖面延伸天际的土路桥都是大自然给予潭丰洋湿地的馈赠。

七、石山镇

石山镇地处海口市秀英区西部，东邻永兴镇，南接东山镇，西连澄迈县老城区，北临西秀镇和长流镇。

（一）石山墟社区

石山墟社区是石山镇人民政府所在地，是石山镇经济、文化中心，北部与国家地质公园——海口火山口公园接壤。南部与岭西村交界。社区总户数 1 062 户，人口 3 833 人，辖有风调、美新、玉敦、儒秀、儒才、市一、市二和市三队 8 个居民小组。社区总土地面积约 1 266.7 hm²，近年来，开展农村集体产权制度和"三变"改革，培育壮大社区集体经济。主要经济收入来源为种植木薯、黑豆、蔬菜和热带水果，经营百货商铺、农家乐。

（二）岭西村

岭西村位于石山镇的东部，马鞍岭的西边，玉凤水库的下方，东南西北方向分别与施茶村、安仁村、扬佳村和石山社区接壤。总人口 4 655 人，辖有扬欢、美岳上、美岳下、春腾、荣诚、美贯和新香 7 个自然村。土地总面积 1 133.3 hm²，耕地面积 245.2 hm²，其中水田 15.7 hm²，水旱田 73 hm²，坡地 156.5 hm²。主要经济作物为荔枝、甘蔗、黑豆。主要产业为"人民骑兵营"民宿和黑豆书屋。2013 年，美贯村入选海口市第二批旅游名村，其著名景点有"海南第一缸"、魁星楼等；此外，岭西村的旅游资源还有荣诚村的古井，新香村的古村门与碉楼，杨欢村的公庙与古学堂，美岳上村和美岳下村的侯王庙。

（三）和平村

和平村位于石山镇西北部，北部与西秀镇交界，西部与澄迈县交界，距离石山镇人民政府约 7 km，辖美鳌、文风、文甲、扬府 4 个自然村，其中美鳌村、扬府村属革命老区。和平村总人口 4 742 人，土地总面积约 397.3 hm²，耕地面积 119.3 hm²，其中水田 84 hm²，水旱田 35.3 hm²，坡地 80.3 hm²。旅游资源有古炮楼、石屋、古村古井、美鳌聚宝街等。

（四）扬佳村

扬佳村位于石山镇西部，东南西北分别与岭西村、安仁村、美岭村、道堂村交界，总人口 3 323 人，土地总面积 1 000 hm²，辖龙抚、荣阳、昌甘、昌平、玉荣、儒豪、上祝、扬花和兴隆 9 个自然村，交通十分便利。主要经济作物有水稻，黑豆、热带水果、瓜菜，此外还养殖牛、羊、鸡。旅游资源有兴隆陈应运祠堂、昌平一字岭遗址、儒豪李德盛民宅（海南省文物保护单位）、玉荣村仙人洞、扬花古炮楼、上祝双池岭等。近年来，村民纷纷办起了农家乐，农民收入逐年提高。

（五）福安村

福安村位于石山镇南部，距离海口市中心约 23 km，地理位置优越。辖美城、玉安、道崖、群俊等5个自然村。总人口3 357人，农用土地面积1 532.8 hm^2，其中水田84.3 hm^2，坡地760 hm^2，旱地284.7 hm^2，林地403.8 hm^2，主要经济作物有槟榔和橡胶，热带水果有荔枝、龙眼、香蕉和百香果等。主要产业有千亩黎药种植基地、美福芽菜种植基地和澳洲淡水蓝龙虾育苗基地。拥有玉安石塔、福安古庙、陈氏老宅、美城婆井4个旅游景点（市级文物保护单位），还有大面积保存完好、独具特色的玄武岩建筑古村落。

（六）美岭村

美岭村位于石山镇西部，西与澄迈县接壤，东与和平村相邻，南与道育村交界，总人口3 429人，土地总面积约1 200 hm^2，辖玉豹、坡来、玉莲、国道、永丰、成美、逢春、国泰、典读、新民和荣昆11个自然村。主要农作物为水稻、诺丽果、瓜菜，主要养殖品种为羊，主要产业有诺丽果物联网生产基地。当地旅游资源有荣昆村、逢春村古石屋、永丰古石器、典读白玉蟾纪念馆。

（七）北铺村

北铺村位于石山墟西北部，北部与长流镇交界，东部、南部、西部分别与石山社区、岭西村、扬佳村交界。辖玉敦、玉库、荣堂、昌潭、儒堂、好秀、吉安、儒符和群榜9个自然村和北铺墟，总人口2 858人，土地总面积约1 153.3 hm^2，耕地面积138.29 hm^2。"五里一墟，十里一铺"，古时候北铺一带的手工业、商业等相当繁荣。近年来，北铺村吸引了不少游客参观游玩，北铺古道、荣堂72仙洞、儒符石塔、好秀十八院等都是当地小有名气的旅游点。北铺村拥有千年历史文化及自然资源，从建筑到生活、劳动用具，都是用火山石为材料制成的，古拙朴素，以公庙、古井、石屋、街道石板路、碉楼和石塔为特色，恰似海南版的吴哥窟。

（八）建新村

建新村位于石山镇东北部，北部和东部与永兴镇交界，距石山镇人民政府所在地约5 km，辖美玉、昌道、扬南、浩昌、儒符、儒群和儒洪7个自然村，土地总面积1 000 hm^2，耕地面积72.8 hm^2，其中水旱田34.1 hm^2，坡地38.7 hm^2，主要农作物为荔枝和黄皮。产业园区有海南农馨火山南药园、九棵树产业园、荔枝采摘观光园和海南工艺美术木雕创作基地。特色民宿有石山秀里民宿、漂亮姐姐的家（石斛体验馆）。旅游景点有昌道村的昌道岭（高187 m，底径250~350 m，内径200 m，火山口深70~80 m），美玉村的古村门和碉楼，儒洪村的魁星塔。

(九) 道堂村

道堂村位于石山镇西北部，西与澄迈县交界，北与长流镇交界。总人口3 898人，土地总面积约1 346.7 hm²，辖1墟7村：道堂墟、龙群、三卿、博昌、儒穴、儒宗、儒来和儒星。非物质文化遗产有火山八音、武术、山歌。主要经济作物有水稻、香蕉、黑豆、荔枝、石斛和石榴等；其中黑豆被农业农村部认证为地理标志农产品。旅游景点有三卿村古村落、碉堡楼、古石巷（2014年入选第三批中国传统村落名录），儒穴村古井、古榕树独木成林，博昌村邓公庙，儒宗村古村门。

(十) 施茶村

1. 施茶村概况

施茶村位于海口市秀英区石山镇北部，北接海秀镇，东邻永兴镇，距离镇政府所在地石山墟约3 km，总人口3 586人，土地面积约1 345 hm²，有海榆中线、绿色长廊等干道通往海口市区，交通便利。下辖美社、儒黄、春藏、吴洪、博抚、美富、国群和官良8个自然村，均是文明生态村，由东至西依次走完各村庄，全程60 km左右。施茶村党支部曾被评为海南省党建示范点、海南省"五好"村党支部、海南省先进基层党组织、秀英区创先争优先进基层党组织，施茶村曾获精神文明工作先进奖，并被评为海南省村民自治示范村。主要种植石斛、金银花、黑豆和荔枝等农作物，养殖石山壅羊、火山鸡等。主要产业有火山石斛生态产业园、中国村庄家风家训施茶馆、施茶村党群活动中心、胜嵘生物科技有限公司、火臻石斛山庄、官良古法豆腐坊、石山生态美食街。美社村在2016年入选第四批中国传统村落名目，该村有800多年的历史，有班超庙、福兴楼、福兴私塾、古楼（驿站）、古井和避寒舍等旅游资源，吸引不少游客慕名前来观光休闲，乡村旅游十分火爆。特色民宿有火山石坞、海南有个家、慢生活民宿、火臻石斛山庄民宿。

2. 美社村

（1）总体情况

美社村是秀英区石山镇施茶行政村下辖的自然村，位于海口火山口国家地质公园南麓，距海口市区中心约35 km，全村面积44.7 hm²，现有172户，806人。这里交通便捷，环境优美，气候宜人，是一个具有独特火山石风貌的村寨。

美社村始建于唐代，千百年来，古村先民在此辟荒凿土，繁衍生息，他们凭借智慧和坚韧，用火山石建造了炮楼、祠堂、庙宇和石屋等一幢幢独具特色的精美建筑。全村遍植花梨木，是闻名遐迩的"花梨木村"。

施茶村党群服务中心

近年来，美社村在各级党委、政府的支持和指导下，以建设文化美社、文明美社、"互联网+"美社为宗旨，紧紧围绕"生产发展、生活宽裕、乡风文明、村容整洁、管理民主"二十字方针，以"突出特色、发挥优势"为创建理念，把"双创"、文明生态村建设等紧密结合起来，开展各种形式的宣传活动，"双创"深入人心，基础设施、村容村貌、村风民风发生了质的变化，全村环境文化氛围进一步提升。

今日的美社村正以发展生产为第一要务，搭上"互联网+农业""互联网+旅游"的顺风车，积极调整农业产业结构，引进旅游元素，把村庄打造成了羊山特色休闲度假村，打造成为"市民休闲的家园，旅游度假的天堂"。全村创新人口文化宣传，把"和谐计生·幸福家园"人口文化走廊建设与新农村环境建设结合起来，积极倡导晚婚晚育、少生优生、关爱女孩、男女平等社会新风尚，构建新型婚育观念、社区和谐、家庭幸福新气象。

秀英区历来高度重视乡贤文化建设，美社村乡贤辈出，通过乡贤表率带动广大群众，齐心协力建设美好家园。2016年5月26日，海口市首届乡贤文化建设工作座谈会在美社村举行。

（2）"互联网+"美社

随着社会经济的发展，美社村结合实际，积极探索新型经济产业模式，"互联网+"产业成为提升村民收入的重要方式。

2015年6月，随着海南首个互联网农业小镇——海口秀英区石山镇正式启动建设。美社村借着"互联网+"建设的东风，以创新、协调、绿色、开放、共享的新发展理念为引领，积极探索出"1+2+N"的互联网建设新路径："1"是指搭建一个互联网农业综合运行平台，构成了整个互联网农业小镇的运行体系；"2"是指运营管控中心和大数据中心两个中心，构成对整个互联网小镇的管控和服务；"N"是指参与互联网农业小镇的企业、机构、组织以及具有生产运营能力的农户等若干个应用单元，构成了互联网农业小镇最具活力的生产要素。

在互联网农业小镇新模式下，全村积极引进社会企业并鼓励农户大力发展石斛、诺丽果、辣木、黑豆、芝麻等优特农产品的种植，以及黑山羊、火山鸡等生态养殖业；大力发展智慧农业，推进10个农业物联网生产示范基地建设，已建设了石斛、壅羊和荔枝等产业园区。同时，包装、打造了一批石山互联网农业名优产品，按照互联网思维，采取"泛石山"的概念，实现了农业产业的快速转型和发展。经过数年的努力，互联网农业小镇的展销合作交流平台影响力不断扩大，互联网经济效益初步显现。同时，依托石山镇互联网运营管控中心和大数据中心，开发了电子政务、便民服务等项目，进一步整合农户土地、就业、教育、医疗和社保等公共资源，实现精准识别、精准施策、精准脱贫，整村推进农民脱贫致富。在"互联网+"产业的影响下，美社村的影响力越来越大，吸引了更多有志青年加入全村的建设。

(3) 文化美社

美社村立村于明代，是羊山地区典型的"石头村"。为了改变村容村貌脏乱差的现象，美社村开展人口文化教育，拆除挡道围墙，搬迁猪圈牛棚，整治小巷道，硬化主要道路，修建文化室、老人活动室和文化广场设施，村容村貌、村风村俗发生了质的变化。美社村已存在1 000多年，底蕴深厚，是历史文化名村。近年来，全村在区委区政府、镇委镇政府的领导和支持下，结合文明生态村、美丽乡村建设，为全村贴上文明的标签。

清末民初，海南著名学者、教育家和出版家王国宪、曾对颜先后为美社村题"礼让休风"和"光分鳌极"石匾，赞颂村庄守礼谦让、村风文明，走进村落，村边近万株300年以上的野生古荔枝树更是展示着村落数千年的文化。

古建筑福兴私塾（建于20世纪初，在1939年成为村民抗击日寇的碉堡，同时见证了1948年琼崖纵队的英雄事迹）、古楼（驿站）、古井、避寒舍，以及王桂楷、王子优、王天鑫、王占魁、陈耀晶等人的宅院讲述着美社村的历史，而今天的美社文化广场、文化室、八音队、妇女秧歌队则展示着现代美社人的勤劳淳朴和热心公益。

坐落于海口火山口国家地质公园的美社村，目前仍保留有大量以火山岩为材料并采用砌筑工艺建造的建筑，智慧的美社人结合生态文明村建设，以文明的民风、廉洁的政风、和谐的村风，进一步打造特色文化，使美社村成为无上访、无涉毒、无刑事案件、无犯罪活动的"四无"平安村。在经济与文化取得发展的同时，全村大力发展基层党建工作，培养高素质的党员干部，充分发挥基层党员干部先锋模范作用，为基层农村工作提供了有力的组织保证。全村全面贯彻落实"四议三公开"制度，村民紧紧围绕在村委会周围，共同发力，使村庄的文明建设落实、落细、落小。

文明、文化标签的形成离不开村民的素养，近年来，美社村人口计生工作以"全国计划生育优质服务先进区"为目标，着力推动创建幸福家庭、国家免费孕前优生健康检查、人口文化园建设等规定动作的同时，积极探索科学育儿试点、流动人口卫生计生均等化服务新模式等新领域，有效提升了全区人口计生服务管理工作水平，今日美社，是一个村容村貌美观整洁、村民生活富裕、村风文明、乡村文化气氛浓厚的现代化农村。

美社村村容村貌

美社村先后被评为海南省文明生态村示范点、海南省和全国美德在农家示范点、全国"平安家庭"创建活动先进示范村、全国美德在农家示范点、海南十大文化名村、海南十大最美乡村。

3. 官良村

官良村是施茶行政村的一个自然村。400多年前，闽人陈彦和举家渡琼，行至马鞍岭，就地取材建立官良村，安居乐业。如今，官良村有37户人家，均为陈姓，为陈彦和后裔。

相传陈彦和携家人"安营扎寨"后，利用石山地区特有的黑豆试着磨豆腐，没有想到比黄豆做成的豆腐更好吃，陈彦和因此一举成名。由于陈彦和利用黑豆磨成的豆腐美味可口，邻村的人闻讯赶来向陈彦和拜师学艺。一传十，十传百，石山地区家家户户都学会了做豆腐，从而"石山豆腐"就成为羊山地区的一道名菜，官良村可谓是石山豆腐的发源地。

"耕读传家远，诗书济世长"。官良人传承了祖先陈彦和的美德，严守家规，胸襟博大，乐善好施，勤劳朴素，每家每户都保留了传统的豆腐制作手艺。石山豆腐如今已成为中国地理标志产品。

以海口石山镇火山地区产的石山黑豆为原料，糅合现代磨碾技术与传统手工艺生产的石山黑豆腐，质地嫩滑可口，豆香沁人心脾。可在清水中煮熟后直接蘸酱料吃，可清炒，可下火锅，还可煎成金黄色后食用，吃法多样，风味各异。

石山地区种植黑豆历史悠久，黑豆腐也是石山村民家中的传统食物。石山黑豆又名乌豆，是石山地区促进收入的重要经济作物。要做出美味的石山黑豆腐，除了黑豆的品质要好，研磨方法也很重要，黑豆要用山泉水充分浸泡，然后去掉黑色的表皮，再把泡好的黑豆放到石磨上磨成浆，才可以用来做黑豆腐。当地人用火山石磨，烧豆浆时必须用晒干的黑豆秆做柴火，经煮浆、点卤、压水等工序制成的黑豆腐色泽鲜明、口感滑嫩。

（十一）石山镇特产

火山荔枝王　在火山石缝中采用古法种植的荔枝王，果大如鸡蛋，富含硒等稀有元素，2019 年被农业农村部认证为地理标志农产品。

石山红米　红米稻没有早稻，只有中稻或一季晚稻，所以亩产量不高。由于其生长期较长，因此米质较好，营养价值也较高。

石山黑豆　万年前的火山喷发形成了火山石。在火山土上生长的石山黑豆汲取天然雨露，豆香沁人心脾，营养丰富。

石山黄皮　石山黄皮含丰富的维生素 C、糖、有机酸及果胶，果皮及果核皆可入药。

石山美安小黄牛　石山美安小黄牛肉质紧实、纤维细嫩、水分低、柔软爽脆。

石山黑糖　石山黑糖是用火山甘蔗压榨炼制而成，营养丰富，具有促进新陈代谢和补血养血的功能。

石山牛大力　石山牛大力是一种长在石头上的山草药，又称作石山牛，具有补虚润肺，强筋活络的作用。

石山壅羊　石山壅羊肉具有不膻不腻、爽滑鲜香、益气补虚的特点。2017 年 5 月，石山壅羊被农业农村部认证为地理标志农产品。

金钗石斛　石山地区具有得天独厚的生态环境和火山岩地貌，年平均气温24℃，空气中负氧离子含量高，造就了"火山岩金钗石斛"的独特品质。

八、道崇村

道崇村位于海口市琼山区红旗镇，下辖13个自然村，全村474户，共2 296人，其中农业人口2 091人，共产党员98人。耕地面积567.6 hm²，产业种植面积405.6 hm²，主要产业有山油茶、槟榔、花木和柑橘等。道崇村新时代文明实践站由原闲置的道崇小学改造而成，占地面积约2.7 hm²，打造为百姓家门口的"服务中心、慈善中心、信仰中心"，让废弃的小学焕发新的活力，同时也承载着道崇村父辈乃至祖辈儿时成长的记忆，是"望得见山、看得见水、记得住乡愁"的地方。

道崇村

（一）道崇的诞生

道崇村位于海口市的中东部，距海口市中心38 km，属于海口市琼山区红旗镇，位于道崇岭旁，地处高岗。由于这里是乡村行人来往的必经之路和中心地带，明末村民陆续到此建房，自发地规划成为一个小市井，最后发展成居住人口800多人的繁荣小墟，从明代崇祯年间（1628—1644年）开始建设至清代道光年间（1821—1850年）建成，因此取名"道崇"。

后来随着经济发展，墟镇被废除，1987年成立道崇村民委员会。过去道崇有"五岭相望和五墟相连"之美称，"五岭相望"就是立足道崇岭、东望铜鼓岭、南望龙发岭、西望岭脚岭、北望七星岭;"五墟相连"是指道崇墟东距三江墟 12 km、南距龙发墟 12 km、西距云龙墟 12 km、北距演丰墟 15 km。

(二) 道崇乡经历的 3 个时期

道崇乡史上出现不少英雄人物,诸如王白伦、李苏文、苏庆河、李诗甫、陈英(宗华)、冯位俊、陈大新、类学权和蓉炳光等。具有革命光荣传统的道崇人民在中国共产党的领导下,不惜流血牺牲,前仆后继,在新民主主义革命、抗日战争、解放战争和社会主义建设时期艰苦奋斗,使这块红色的土地获得了新生。

1. 建立革命武装组织

1927 年,中共琼山县委成立,县内农民自卫军武装组织迅速发展,随着形势的发展,县委从道崇、咸来、三江等乡农民自卫军中挑选一批优秀分子,在县委的直接领导下,组建一支有 80 多人的工农革命军中队(连队)。然而,1927 年,蒋介石在上海发动反革命政变后,国民党反动派在道崇进行"清党"活动,使不少革命干部、共产党员及进步群众都在这次政变中惨遭杀害。经过这次"清党"活动,当地革命进入低潮。

2. 抗日战争时期(1931—1945 年)

抗日战争时期,位于海南的琼崖特委领导机关多数时间都驻扎在琼山道崇、咸来、三江等一带,因此,道崇乡便成为日本侵略军摧残的主要目标。日本侵略军把道崇、咸来、树德等乡列为"无人区"实行"三光"政策,对这些革命根据地进行大规模的"蚕食""扫荡",把几十个村庄焚成平地。在此期间,道崇乡连续九任乡长都惨遭杀害,但无论敌人多么残酷,斗争环境多么恶劣,道崇人民的心还是向着中国共产党,坚决听从琼崖特委的指挥,不少青壮年积极报名参加抗日游击队,道崇乡先后有 200 多名青壮年奔赴抗日救亡前线,坚决把抗战进行到底,为海南抗日战争取得最后胜利付出了巨大的代价,作出了重要贡献。

3. 解放战争时期(1946—1950 年)

1945 年 8 月 15 日,日本帝国主义宣布无条件投降,抗日战争胜利了,但是国民党反动派又挑起内战,中国革命又进入了解放战争时期。道崇地区的人民经受了考验,中国共产党在乡村有了巩固的群众基础,党领导人民前仆后继、坚持斗争,1950 年 4 月 23 日最终取得了海南解放战争的伟大胜利。

(三) 基本情况

海南省海口市琼山区红旗镇道崇村委会位于红旗镇东北 4 km,面积 10.6 km²,

下辖12个自然村，17个村民小组，常住人口509户，总人口2 163人，村党支部现有党员93人。2022年道崇村人均可支配收入2.2万元。近年来，道崇村按照省委、市委和区委关于加强基层治理的工作部署，聚焦乡村振兴"治理有效"要求，积极探索党建引领下的海南自贸港乡村治理体系建设，探索总结"1234"成功经验，以乡村治理带动乡村发展，以乡村发展反哺乡村治理，实现乡村治理与发展的融合并进、同频共振。

"1234"创建模式具体而言，"1"是一面旗帜，即在党建引领下实现"绿水青山就是金山银山"的绿色发展目标。"2"是2个融合，即治理与发展相融合、城市与乡村相融合。"3"是指民主议事协商、乡村志愿服务和生态信用积分评价3个体系。"4"是指"引智入村""农企合作""村社对接""四统一分"4个发展路径。

（四）典型经验

1. 党建引领，确保党在农村工作始终统揽全局

注重抓村"两委"班子建设、乡贤建设、人才建设，解决党的指挥棒坚强、有效问题，将党的领导贯穿于基层治理全过程。

班子建设 换届产生的6名村"两委"干部分别是农业生产、劳务服务、仓储物流等方面的致富带头人，推选20名致富能手、党员担任村民小组正副组长，发挥党员先锋模范作用。

乡贤建设 发挥村党支部凝心聚力作用，打造道崇村委会新时代文明实践乡贤（党员）志愿队伍21人。设立会长、副会长、秘书长、理事、成员等岗位，通过志愿者服务活动，宣传党的政策，解决道崇民生问题。

人才建设 挂牌成立道崇村乡村振兴人才工作站，制定《海口市琼山区红旗镇道崇村乡村振兴人才服务站实施方案》，加强党建引领下的农村实用人才工作，建立由29名村党员致富带头人、专业技能人才为主的农村实用人才库；先后引进南繁专家王义民教授、北京联合大学杨积堂教授等专业人才12名为乡村治理和发展建言献策。

2. "三人抓手"夯实和美乡村建设基础

没有村民参与便不能实现乡村有效治理，"三大抓手"使道崇村有了协商、服务、解纷和评价体系，把乡村之"和"变为可能。

第一大抓手 议事协商体系，议出"公约数"。建立议事厅、矛盾调解排查室、信访接待室等场所，通过民主协商方式，解决群众切身关注的问题。组织乡贤议事：村党支部书记、村民小组长、党员、乡贤、致富带头人、村民代表、律师等人员是参政议政答政的主要人员，把涉及村民切身利益的重大事项纳入议事日程。"乡村夜话"聊事：结合村民早出晚归的生活习惯，开展"乡村夜话"活动，拓宽村民议事渠道，议出了村规民约，也议出了庭院经济、家庭农庄等。调解队伍解事：成立法律援助服务队，邀请德高望重的热心乡贤为驻村专职调解员，按村民小组、村委会、调解队伍、镇政府的顺序开展矛盾纠纷调解工作，实现20余年"小事不出村、矛盾不上交"，充分尊重了村民的知情权、参与权、建议权，村民自治、法治有效巩固。

第二大抓手　志愿服务体系，画出"同心圆"。整合资源升级新时代精神文明实践阵地，突出"地方风味"和"乡土气息"，建立道崇"六乡"文化室。提供多元化志愿服务，创建"5+X"志愿服务品牌。树立模范典型示范带动，开展"道德模范""文明家庭""手艺能人""最美媳妇"等评选活动，引导村民崇德向善、见贤思齐，乡风文明蔚然成风，德治效果明显。

第三大抓手　生态信用积分体系、评出"信用人"。在道崇村试行生态信用积分评价体系，制定企业、行政村、村民生态行为"正负面清单"，评价结果与获得金融产品相挂钩，生态信用良好的村民可享受优先调查、优先评级、优先授信、优先贷款等服务。

3. "四套路径"促进和美乡村建设"大跨步"

治理不仅是汇聚合力、集结资源，还要整理产业要素，塑造产业模式，畅通销售才能推动产业发展。

路径一　引智入村，做好顶层设计，把招才引智作为推动乡村发展的重要途径，村党支部建立道崇"崇兴农村实用人才库"，通过实施"引智入村"行动，聘用各类人才82人，为道崇村献策建言，解决村庄缺乏人才资源和技术发展缓慢的问题。

路径二　农企合作，优先生产路径。企业+农户，合作分红，解决技术、销售问题。农户+托管，承诺农户保底收益，解决撂荒问题。农户+公司+订单，保底收购，解决销售问题。农户资金（土地）+集团公司入股，共同管理运营，解决劳动力问题。通过多种合作模式，助力农民增收，推动和美乡村建设。

路径三　村社对接，拓宽销售渠道。村党支部带头通过与社区、企业"结对子"，社区居民、企业员工只要在"红旗好菜"小程序下单，次日新鲜优质农副产品便通过"大篷车"送到社区，满足城市居民需求的同时解决村民农产品销售问题，形成城乡居民互利共赢的局面。

路径四　"四统一分"，构建运行路径。聚焦农村撂荒地多、土地碎片化、家庭分散种植成本高、农产品销路不畅等问题，统一规划设计、统一生产标准、统一技术服务、统一收购销售，指导农户分户管理，形成利益联结和内生动力。

（五）工作成效

道崇村充分发挥党建引领基层治理作用，通过实施"1234"创建模式，不断推进乡村治理走深走实，有效实现自治为基础、法治为保障、德治为先导的"三治融合"，基本形成共建共治共享的农村社会治理格局。

乡村自治开辟新局面，打造"生态村" 道崇村通过"两山"转化，摸清辖区内山、水、林、田、湖、草等生态资源，完善生态资源招商一张地图，建立生态信用积分体系、生态资产产权体系、生态产品价值核算体系，着重打造资源咨询、评估、收储、交易、运营、服务为一体的"两山"转化体系，盘活生态产业，使资源变资产、资产变资金，"绿水青山就是金山银山"的理念不断深入人心。道崇村先后获评省五星级美丽乡村示范村、2020—2022年海南省卫生村称号。

乡村法治迈出新步伐，打造"平安村" 在村党支部的领导下，道崇村通过成立法律专业团队、矛盾纠纷调解队伍，为群众提供法律咨询、纠纷调解服务，实现20余年"小事不出村，大事不出镇"。2021年3月，道崇村获评海南省民主法治示范村称号。

乡村德治取得新成效，打造"文明村" 通过党建引领下的新时代文明实践，深化落实党员探访走访活动，常态化走访慰问残疾人、孤寡老人、留守儿童，推动志愿服务引领乡风文明。2022年5月，道崇村获评全国学雷锋志愿服务"四个100"先进典型之"最美志愿服务社区"称号。

（六）绿色道崇发展历程

第一阶段：萌芽期（1987—2007年） 成立道崇村委会，探索立体循环经济农业，塑造文明乡风，打造10个文明生态村。

第二阶段：坚定期（2008—2014年） 开展土地经营权确权试点，实施"小田变大田"改革，党支部带领村民开展产业转型。

第三阶段：拓展期（2015—2019年） 扩大土地流转，开展农企合作，引入大湖桥三角梅共享农庄、现代集团椰子生态产业园等项目，带动区域经济发展。打造道崇新时代文明实践站和志愿服务品牌项目。

第四阶段：加速期（2020年至今） 成立村集体公司海口市道崇战旗实业有限公司，打造生态产品超市平台，建设道崇农产品仓储分拣包装中心、福稻烘干厂等项目，培育"花青素"鸡蛋、"华干宿"紫玉米茶、"健源侬夫"山柚油等生态产品品牌，以品牌溢价带动农民增收；创新"生态信用+绿色金融"，发展庭院经济，促进乡村振兴。

道崇村新时代文明实践站开展最美人物系列评选，以及金秋助学、全家福照片拍摄等志愿服务项目，打通了亲情、乡情交流的"最后一公里"，进一步引导村民树立和谐友善、安居乐业的生活理念。

（七）和美乡村，绿色道崇

道崇村是一个坚韧挺拔、美丽休闲、绿色和美、模范带动、宜居宜业的乡村。

党建引领村　道崇村现有党员92人。坚持以"红管家"制度、党建联建制度、党建积分制度等为抓手，党组织坚强有力，党员起先锋带头作用，在乡村振兴的道路上大胆探索，争先创优。2022年，道崇村被评为海南省乡村振兴示范村。

文化浓厚村　始建于明朝崇祯三年（1630年），清朝年间形成商业贸易繁荣的小墟镇，道光元年（1821年）取名为"道崇市"，名字沿袭至今。道崇革命史上涌现王白伦、李苏文、苏庆河等138位烈士，1950年被中央人民政府授予"红色革命根据地"称号，边洋村于1951年被中央人民政府授予"革命模范村"称号，2021年被海南省人民政厅、海南全省老区建设促进会命名为海南省革命模范村。

美丽休闲村　有"五岭相望和五墟相连"之美称，拥有三角梅共享农庄、现代集团椰子生态产业园等景区，以及依必朗高尔夫球场服务区。有3座水库、18口水塘、万亩良田，生态资源良好，是一个宜居宜业宜游的好地方。2022年被评为全国学雷锋志愿服务最美志愿服务社区，2023年被评为中国美丽休闲乡村。

乡风文明村　在12个自然村积极打造清廉文化，加大工程领域、村集体资产管理；加大"四议三公开"的监督管理；加大对村委会、村民小组等群体的监督效能；规范村务党务公开，真正做到把权力关在笼子里。通过"乡村夜话"活动，做到民事民议，充分尊重村民的知情权。做到"防"字为先，道崇村连续20年"小事不出村，大事不出镇"，是一个地地道道的乡风文明村。

产业兴旺村　积极贯彻落实市委、市政府关于"扩基地、建园区、搞加工、创品牌、拓市场"的总体要求，加快推动乡村产业高质量发展。拥有千亩龙眼基地、千亩山柚茶基地、千亩琼山福稻基地、千亩淡水生态鱼养殖基地。建设琼山道崇农产品仓储分拣包装中心、琼山福稻粮食烘干项目。培育了"华千宿"紫玉米茶、"花青素"鸡蛋、"健源侬夫"山柚油等生态农产品品牌。2022年道崇村人均可支配收入2.2万元，高于海南省人均可支配水平。

（八）道崇村特色产业

道崇村坚持走党建引领绿色发展道路，大力推动一二三产业融合发展。

油茶种植产业　荫生村市级种苗示范基地 15.3 hm^2，带动全村种植约 66.7 hm^2。

龙眼种植产业　美请村基地种植约 13.3 hm^2，带动全村种植逾 46.7 hm^2。

紫玉米生态产业　打造紫玉米种植、研发（茶包、酒水饮料、生态饲料）、转化（作为蛋鸡养殖饲料）、再利用（秸秆+鸡粪）的全产业链。

道崇农产品仓储分拣包装中心　占地 0.9 hm^2，由道崇村集体公司与社会资本合作运营，配套仓储区、生产车间、发酵间、办公区等。

琼山福稻粮食烘干厂　占地 0.7 hm^2，采取"政府+龙头企业（五田家）+镇集体企业+农户"的运营模式，配套干燥机、下粮坑、清洗筛、湿谷仓、除尘系统等。

现代集团椰子生态产业园　占地逾 80 hm^2，是海南现代热带农业开发有限公司投资建设的综合农旅产业项目，种植泰国矮株椰子、泰国香水椰子、马来西亚红椰等 53.3 hm^2。

大湖桥三角梅共享农庄　占地 66.5 hm^2，种植花卉面积 33.3 hm^2，其中有三角梅 160 余种，是海南省四椰级乡村旅游点。

海南依必朗高夫球会　占地 132.2 hm^2，是集 18 洞 72 杆国际标准的锦标赛球道和高尔夫客房别墅于一体的休闲度假乐园。

（九）民俗文化

1. 乡　音

乡音衍生于乡土，人们无不是在乡音中受启蒙，伴着乡音长大，它是最能表达乡愁情感的方式，乡音不但是对故乡、故土的一种眷恋和情怀，也逐渐成为一种文化崇尚。

道崇村新时代文明实践站整合了琼剧、海南八音器乐、海南公仔戏等资源，并组织村民进行培训、演出，不断丰富当地村民的文化生活，向村民传递新时代文明实践之风。

琼剧　琼剧，又称琼州剧、海南戏，是海南重要的地方戏剧，深受海南本土居民的欢迎。琼剧在东南亚一些国家演出，被称为"南海的红珊瑚"，并于 2008 年入选国家级非物质文化遗产名录。红旗镇的乡亲们也对琼剧非常着迷，因此，道崇村新时代文明实践中心多次将琼剧表演送到村民家门口，同时在"琼剧能人"的带领下，鼓励村民自己唱琼剧，既丰富了村民的文化生活，也让宝贵的传统戏剧能够在群众中继续流传。

海南八音器乐 海南八音器乐是海南主要的本土器乐，因采用弦、琴、笛、管、箫、锣、鼓、铙八大类乐器演奏而得名，已列入第二批国家级非物质文化遗产名录。从清代到民国直至新中国成立，这一器乐形式在海南长期盛行不衰，它流布于整个海南岛，并随着琼侨的足迹走向东南亚各国。从音乐史角度来看，海南八音器乐具有很高的研究价值。它根植民间，乡土气息浓郁，为广大群众所喜闻乐见。红旗八音乐队是一支由红旗镇多个村庄村民自发组织的文艺团队，经常到各个村庄演出。

海南公仔戏 海南公仔戏又称木偶戏、傀儡戏或手托木头戏，是海南省具有地方特色的传统戏曲表演艺术之一，融文学、美术、音乐、戏剧于一体，是根植于民众的传统民间艺术瑰宝，为民众所喜闻乐见。

2. 乡 俗

乡俗是一种民间文化，是人们在长期的生产实践和社会生活中逐渐形成并世代相传的文化事项。海南的传统乡俗是依附当地村民的生活习惯、情感与信仰而产生的文化。

道崇村新时代文明实践站每逢公期、端午节、中元节、重阳节等海南传统民俗节日，都组织村民开展移风易俗系列活动，提倡简办、合办、创办，丰富乡俗的形式和内容。此外，道崇村的新乡俗有三八妇女节等。

三八妇女节 步入新时代，人们对生活有了更高的追求，道崇人也不例外，为了让乡亲们的生活更加多姿多彩，使邻里乡亲的感情更加深厚，在"三八妇女节"前后，群众自发开展拔河比赛、广场舞表演，通过这样的方式向广大农村劳动妇女表达敬意，同时也展现了道崇人良好的精神面貌。

公期 对于很多海南人而言，公期是一个隆重而特别的节日。在海南，各地区有不同的公期日期，一般有祭神仪式和宴请亲朋两种形式，以祈求风调雨顺、万事大吉、财源滚滚。但是，过去在公期活动中，存在大操大办、铺张浪费、赌博酗酒等不文明现象，给传统的公期文化带来了不良的社会风气。公期作为海南人民的传统节日，在新时代背景下，应该紧跟时代步伐，大力倡导移风易俗，破除陈规陋习，提倡公期简办，禁止赌博酗酒。道崇村新时代文明实践站为村民送上特色"四盘"菜——文化大餐、知识大餐、体育大餐、美食大餐，以文明、健康、安全、新式的方法给传统公期节目穿上了文明"新衣"。

重阳 重阳节即每年阴历九月初九，是中国民间传统节日。古时民间在重阳节有登高祈福、佩插茱萸、拜神祭祖等习俗。传承至今，又添加了敬老等内涵，于重阳之日感恩敬老。道崇村新时代文明实践站组织开展新时代文明实践重阳节主题活动，大力弘扬中华民族敬老、爱老的传统美德，让老年人老有所养、老有所医、老有所为、老有所学、老有所乐的观念更加深入人心。通过开展重阳节主题活动，既弘扬了中华民族敬老爱老的传统美德，使老人们感受到来自党和政府的温暖，也营造出了浓厚和谐的节日氛围。

中秋节 中秋节又称团圆节，与春节、清明节、端午节并称为中国四大传统节日。人们常说"月到十五分外明，人到中秋情更浓"，每年中秋节，一家人总是要聚在一起，围桌吃团圆饭，抬头赏皎洁的明月，享受亲情的美好和团聚的幸福。道崇村新时代文明实践站在中秋节前后通过开展"琼山情——送琼剧下乡巡演""留住团圆——送全家福照片""田螺计划——关爱孤寡老人"等志愿服务项目，将党和政府的关心、中秋的传统文化习俗和丰富精彩的活动融合在一起，送到百姓身边。借着"新时代文明实践"的东风，传播了文明的理念，让节日有了温暖和感动。

舞狮 海南岛有来自中国各地的移民，北狮和南狮两派舞狮风格均有传入，海南舞狮将北狮和南狮的风格有机地融为一体，形成自己的地方特色，文武兼备，有舔毛、搔痒、抖毛等斯文温情表演，也有跳跃、翻腾、爬高、跌扑等勇猛动作，显得多彩多姿。海南舞狮表演程序可归纳为三部曲：狮子醉醒、狮子出洞、狮子"采青"。"采青"情节来自海南民间的"采青"风俗。元宵节时，青年外出采摘青菜，象征"青春"和"发财"（海南方言青菜的谐音）。"采青"情节表演狮子爬高"采青"的高难度动作，高潮迭起。

端午洗龙水 洗龙水是海南最有地方特色的端午节习俗。海南四面环海，老百姓寄予了美好的愿望，认为屈原投江后变成了龙神，在端午节这一天会出来活动，这天所有的水也就变成龙水。人们洗龙水可以得到龙神的保护，身体不长热疮热痱，一年健健康康、平平安安。在海南人心中，洗龙水相比于吃粽子、赛龙舟，更显重要，是海南本土民众所必须进行的"仪式"。

3. 乡 艺

乡艺是承载了人们对故乡思念的手工艺品，是表达乡愁的最好载体。一片叶子、一块石头、一根竹竿，都可以成为乡艺制作的原材。

招蜂竹笼 用竹子编织的工具是道崇人生活中不可缺少的。道崇人善于就地取材，将本地的竹子清洗干净，制成细长状的条形，把粗糙的表面打磨平整后，再用灵巧的双手将竹条编成所需要的工具或工艺品，充满了生活气息，凝聚了道崇人的智慧。招蜂竹笼是村民上山抓野蜜蜂的工具之一。村民拿着招蜂竹笼，在野蜂出没的地方，吸引野蜂，只要蜂王进去，其他野蜜蜂就会跟着进去。这样一个招蜂竹笼，一次可装上千只野蜜蜂。村民提着装满野蜜蜂的招蜂竹笼回家，就可以等待收获原汁原味的野蜂蜜了。

海南木耙 海南木耙是海南农业生产中传统的翻地农具，曾经是每家每户必备的农具之一。它的形状像一把梳子，一般由牛进行牵引耕地。传统的海南木耙全是木制的，耙齿部分打磨削尖，村民用它把土块打碎，为播种做好准备。

盆景 盆景是中国优秀传统艺术之一，是以植物和山石为基本材料在盆内表现自然景观的艺术品。村民们在闲暇之余，也会以植物、山石、土、水等材料，栽种一些盆景供观赏。

4. 乡味

乡味承载着家的记忆。家里的满桌菜肴，不需要精雕细琢，也不需要甜汤浓汁，就是家乡的味道。家乡菜是乡味最好的表达形式，是舌尖上跳动的乡情。

薏粑 薏粑又叫薏稞，是海南的传统小吃，大多捏成圆形，用绿色的叶子包裹着雪白的糯米外皮和馅料。薏粑的历史源远流长，在民间制作相当普遍，其象征着吉祥、幸福、丰收、欢乐等。制作薏粑首先要做糯米皮，将一定比例的米和清水充分混合搅拌，最终使糯米变成泥状，制成糯米皮；然后准备薏粑的馅料，主要有椰丝、碾碎的花生、白糖、红糖、芝麻、冬瓜糖等；最后是准备包薏粑的叶子，通常选芭蕉叶或者椰子叶等。准备好制作薏粑的材料后，就可以包馅和裹叶了。先取出合适大小的糯米皮，用手指将其按压成厚度适中的凹槽状，然后填入馅料，边包边转圈，直至糯米皮将馅料完全裹住，形成圆球状。裹叶的时候用叶子卷住糯米团，一面折叠包实，另一面留白即可。将包好的薏粑整齐地放在蒸笼里，蒸 30 min 左右就可以出锅了。

笠饭 在海南方言中叫做"làо"，是一种极具海南特色的干粮。对于海南人来说，笠饭是吉祥的象征，蕴含着深刻的海南文化和特有的审美意趣。制作笠饭，要先做笠壳。笠壳是用野菠萝叶包裹成中空的囊状袋。在制作时要先削去野菠萝叶上的刺，再经过传统的编制方法编成枕头形、元宝形、菱形或鸭子形等。编好笠壳后，把搅拌好的大米装入笠中，米的体积，大约占笠容积的 3/5。之后把笠壳收口，放进清水里煮。此时整个笠壳慢慢变得膨胀圆满，把水煮沸后，再煮 40 min 捞出来沥干即可。以前的笠饭是不放馅的，味道纯朴清淡。现在的笠饭，人们还会在里面包上五花肉、瘦肉、蛋黄等，与粽子的制作手法有异曲同工之妙。

红糖年糕 红糖年糕又叫做甜粑，是一道传统的海南特色小吃，至今已有 200 多年的历史。按照海南风俗，每逢新春佳节许多农户都有吃年糕的习惯。此外，海南人建屋升梁、男娶女嫁、生子弥月等日子，也会做红糖年糕庆贺一番。传统的红糖年糕制作使用红糖、糯米、红枣等几样简单的食材，制作时，首先把糯米磨成粉状，将其用干净的纱布筛过后，加水、红糖浆和成硬一点的粉团，最后将枣和栗子等贴在粉团上，用箬叶裹起来蒸熟即可。海南红糖年糕的是最大特色是香甜软糯、表面光滑、色黄细软。许多人喜欢将红糖年糕用红线切成薄片，放入油锅里煎炸，外酥内软非常美味。红糖年糕不仅是味蕾的记忆，还有情意绵长的寓意。

红旗乳鸽 提起海口的荤菜美食，"老海南"们总会提起红旗乳鸽。制作红旗乳鸽需要经过"一煮二卤三炸"，层层工序，每一道工序都满怀虔诚。制作时需要先把乳鸽放入现熬的鸡汤或排骨汤中煮过，再用近20种中药调料秘制出的卤水浸泡入味，最后下锅油炸锁住肉汁。在芝麻香油的催化下，乳鸽冒出阵阵香味，表皮呈酱油色且泛着油光，肉汁征服了每位食客的味蕾。

九、海南非物质文化遗产

海南非物质文化遗产涵盖了海南的民间文学、传统音乐、传统舞蹈、传统戏曲、传统美术、传统体育与游艺、传统技艺、传统医药及民俗等众多门类，其中有1项入选联合国教科文组织非物质文化遗产名录（黎族传统纺染织绣技艺），27项入选国家非物质文化遗产名录，54项入选海南省非物质文化遗产名录。

（一）海南音乐

海南岛为移民岛，有史以来各种文化在这里交汇融合，衍化出异彩纷呈的文化艺术形式。海南传统音乐、舞蹈品类丰富，为海南人民所喜闻乐见。

1. 崖州民歌

崖州民歌是流行于海南古崖州一带、用当地方言演唱并传唱至今的一种民间歌曲，其发祥地在古崖州的乐罗、黄流一带（今乐东黎族自治县境内），后传播至古崖州全境。崖州民歌内容丰富，题材广泛，大到宫廷朝政，小到百姓生活，凡事皆可入歌。有长篇叙事歌、生活长歌、短歌和对歌四大部分，体裁有号子、小调（童谣、儿歌）、叫卖调、柔情调、嗟叹叹调和拉大调六大类，运用赋、比、兴等艺术表现手法，语言通俗，音乐曲调优美动听。

2. 临高渔歌

临高渔歌，是流传于海南临高县渔民中用临高方言演唱的汉族民歌，因其多用衬词"哩哩美"，又被称为"哩哩美"。临高渔歌善于比兴、比喻，演唱时见景生情自由抒发，乡土气息浓郁，具有鲜明的地方文化色彩，不仅是海南省汉族民间歌谣的典型代表，也是中国最具艺术魅力的渔歌之一。1962年，戏剧家田汉来临高采风听了

"哩哩美",赋诗赞道:"椰子林边几曲歌,文澜江水袅新波,此间亦有刘三妹,唱得临高生产多。"

3. 儋州调声

儋州调声是古儋耳地区的民歌,以儋州方言演唱,是一种节奏明快、感情热烈的民间歌舞形式,起源于西汉时期,今主要流传于海南儋州市境内。调声俗称"歆声",是拉长声韵对歌的意思,体裁近似民间小调的汉族民间歌曲。其内容以歌唱爱情、幸福生活为主,曲调优美,群体性强。它以独特的亦歌亦舞形式跻身于中国民间音乐之林,被收入《中国音乐辞典》,儋州市亦因此被命名为"中国民间艺术之乡"。

4. 海南八音器乐

海南八音器乐是海南传统器乐的主要表现形式,包括乐器、乐曲和乐队,因采用八大类乐器演奏而得名。海南八音在唐宋初现雏形,明代已十分成熟。明代海南琼山县(今属海口市)有一位因熟操八音而闻名京城的宫廷乐师汪浩然,著有《琵瑟谱》《八音摘要》等专著,根据本地乐器种类,结合长期演奏实践,将海南乐器归纳为弦、琴、笛、管、箫、锣、鼓和钹八大类。清代以后随着地方剧种琼剧、海南公仔戏和临高人偶戏的流行以及节日庆典和祭祀活动的兴盛,海南八音盛极一时,流布全岛,并随着琼侨的足迹走向东南亚各国。八音器乐于2008年入选国家级第二批非物质文化遗产名录。

5. 黎族音乐

黎族音乐内容丰富,曲调多样。主要有2种:一种是以海南方言为唱词,套用黎族民歌的韵律唱腔,称为"汉词黎调";另一种是用黎族语言为唱词,称为"黎谣正调",各黎族方言都有各自独特的乐曲,杞方言有"咪亲调""罗呢调""水满调",润方言有"中少娃调""娃呀娃调",美孚方言有"欧欧调",哈方言有"千家调"等。

黎族民间乐器包括铜鼓、铜锣、独木皮鼓、二胡、唢呐、鼻箫、口琴(弓)、竹苗、叮咚和利咧等,其中鼻箫、利咧和叮咚是黎族特有的乐器。鼻箫是用鼻孔来吹奏,是黎族富有特色的边棱气鸣乐器,曲调柔和低沉,黎语称虽劳、屯卡、园哈。利咧为黎族音译,又称"口箫",是黎族人民喜爱的单簧气鸣乐器,相传已有几百年历史,是用若干节大小不同的短竹管,由小到大套接而成,每节上都开有一个圆形音孔,音色清脆、音量大、吹奏时可暗中换气而不中断曲调。叮咚是黎族特有的敲击体鸣乐器,以乐器的发声命名。在黎族群众中,不论男女老少都爱打叮咚,并把它看作自己心爱的乐器,还编了许多叮咚民歌,每逢过年过节或集会庆祝,就一边演奏、一边歌唱。随处可得的树叶、草叶也是黎族人民喜爱的乐器。黎族竹木器乐2007年入

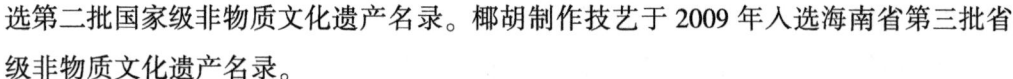

选第二批国家级非物质文化遗产名录。椰胡制作技艺于2009年入选海南省第三批省级非物质文化遗产名录。

（二）海南舞蹈

1. 文昌盅盘舞

文昌盅盘舞因舞者手持盅、盘、筷等道具相击起舞而得名，起源于元末明初，至今已有600多年历史。传统盅盘舞是在闹军坡、闹元宵和结婚迎亲等民间喜庆日子表演的舞蹈。由一生一旦装扮"新郎"和"新娘"，外加一丑角共三人表演。演出时"新娘"双手持瓷盅上下相击起舞，"新郎"以筷子击盘伴舞，丑角手持彩扇边舞边戏逗"新郎"和"新娘"，动作稚拙谐趣。舞蹈主要流行于文昌中部和周边的定安、琼海、澄迈、海口等区域，以及东南亚琼籍华侨聚居地。

2. 黎族舞蹈

黎族善舞，逢节庆、喜事、收获以及举行宗教仪式、丧葬活动等，都要跳舞。黎族舞蹈内容丰富，形式多样，节奏强烈有力、动作古朴粗犷，内容上有丧葬舞、宗教舞和自娱舞三大类，形式上有独舞和群舞两种。其中，丧葬舞在古代流行，今已不多见。宗教性舞蹈流行的有《祭祖舞》《招魂舞》《跳鬼舞》《跳锣舞》等。黎族宗教祭祀舞蹈多与驱鬼除魔、超度亡灵有关。不论是生老病死，还是居家度日、生产劳动等都离不开宗教祭祀舞蹈。宗教祭祀一般都在晚上进行，舞者多为宗教职业者，整个场面气氛凝重肃穆，舞者十分虔诚投入，配上古朴的舞蹈动作、低沉的音乐和颤抖的念经声音，使围观者也仿佛跟鬼神进行了一次生与死的较量。生活习俗舞蹈，与人们的生活息息相关，属于宗教祭祀舞蹈的延伸，是宗教祭祀舞蹈逐步向娱乐喜庆舞蹈发展的一种过渡形式。在黎族合亩制地区，在春意浓浓的阴历三月春季第一个"牛日"，要为牛跳《祝福舞》；在骄阳似火的阴历七月夏季第一个"牛日"，要为稻跳《祝福舞》；每到新年必跳《年舞》。自娱舞起源于黎族的生产劳动，生产劳动舞蹈在黎族群众中备受喜爱。因为生产劳动舞蹈体现的主要是人们的劳动场面，人人都有参与和发挥的机会，它无论在取材方面还是在表现形式方面，都来得更自由，不受年龄和地理环境的限制，主要有《打柴舞》《舂米舞》《赶鸟舞》《钱串舞》等。此外，还有黎族英勇斗争舞蹈，随着历史的发展，战争的内容渐渐淡化，代之而起的是娱乐性的舞蹈。中华人民共和国成立后，英勇斗争舞蹈经改编再创作，注入了新的文化内涵，最后演变为一种艺术化的体育竞技活动，人们喜欢在节日或办喜事时表演。

3. 海南虎舞

海南虎舞亦称三江虎舞，是第二批海南省非物质文化遗产代表性舞蹈类项目。明代时由中原传入海南，在海口三江镇流传至今。

海南虎舞是军坡节活动的重头戏，每年阴历二月初九至十二，三江镇9个冼夫人庙的9支虎舞队伍就要跟随冼夫人"装军"出行，壮威助阵。海南虎舞分为布阵、开场、单人表演、双人对打、人虎共舞等多个程式，角色由"老虎""土地公""土地婆"及"兵勇"组成，表演开始时，"老虎"腾翻、扑跌、跳跃、朝拜出场，"土地公""土地婆"手持拐杖与荷扇以秧歌舞步与滑稽表演的形式跟随老虎前后左右。在紧密的锣鼓声中，"兵勇"手持长矛、长棍、大刀、长剑等兵器列队摆阵，摇旗呐喊，吹号助威，分别执各种器械与老虎共舞。

4. 海南麒麟舞

海南麒麟舞是中原文化南迁过程中有幸保存下来的高雅舞蹈，早先只在达官贵人、富商显宦的小范围中流传，后因中原战乱，难民南逃，麒麟舞便随着迁琼始祖传入海南，在海口市羊山地区的古村山寨落地生根，成为地方性的吉庆舞蹈，入选海南省非物质文化遗产名录。

麒麟舞，也叫"麒麟送子"，由乐师8人、舞队7人组合。其乐师乃八音组合弹奏，舞队则由"元帅""家院""土地爷"和4个"天兵"组成，人员虽不多，但表演生动活泼、舞姿矫健、场面壮观、声乐嘹亮。表演开始时，先是"元帅"奉玉皇大帝之命，带领"家院""天兵"来到尘世，由"土地爷"前导送麒麟。麒麟在人们的翘首以待中歌舞腾跳，给人一种超凡脱俗，情趣盎然的感觉。麒麟舞用以烘托气氛、渲染情境，借"瑞兽吉兆"展现威严、祈求祥和，表达人们对风调雨顺、丰衣足食、国泰民安、福禄长寿的美好期盼。

5. 海南狮舞

海南狮舞入选市级非物质文化遗产名录。海南的狮舞明代已有史书记载。明《正德琼台志》云："装僧道、狮鹤、鲍老等剧，又装番鬼舞象，编竹为格，衣布为皮，或黑或白，腹围贮人，以行代舞。"清《崖州志》记述节庆时"昼打秋千，夜放天灯或扮狮子，麒麟为戏"。海南岛有来自中国各地的移民，传入北狮师和南狮两派风格，海南狮舞将北狮和南狮的风格有机地融为一体，形成自己的地方特色，文武兼备，有舔毛、搔痒、抖毛等斯文温情表演，也有跳跃、翻腾、爬高、跌扑等勇猛动作，更显得多彩多姿。海南狮舞的表演程序可归纳为三部曲：狮子醉醒、狮子出洞、狮子"采青"。采青的情节来自海南民间的"采青"风俗。元宵节时，青年外出采摘"青菜"，以象征"青春"和"发财"（海南方言青菜的谐音）。采青情节表演狮子爬高"采青"的高难度动作，舞狮高潮迭起。

6. 海口龙舞

海口龙舞入选市级非物质文化遗产名录。龙舞是中国汉族的民间舞蹈，因舞蹈者手持传说中的龙形道具而得名。龙的形象源于中国古代图腾被视为中华民族的象征。

龙舞在历史文献记载中出现的时间极早。据汉代学者董仲舒的《春秋繁露》记载，当时已经有了形式比较完整的龙舞。海口市龙华区、美兰区都有舞龙队伍。逢年过节，海口街坊乡里的民众都喜欢扎龙、舞龙，尤以龙文坊的舞龙活动著称。龙文坊是海口历史最悠久的街坊之一，因其状似两条龙须，被认为是龙的家乡。逢年过节，居民们便聚集在龙文坊附近，造龙、舞龙，庆祝平安吉祥、五谷丰登。活动高潮多在阴历正月至二月间。清朝末年至 20 世纪 70—80 年代，龙文坊的龙队沿街游行表演，龙队浩浩荡荡、威风凛凛，成为当时海口的一大盛事，为海口民众的文化娱乐生活增添喜庆、祥和气氛。海口龙舞体现造型艺术特征，民间武艺表演特征和地方传统文化艺术等特征，具有重要的学术研究价值，历史文化研究价值和社会价值，对繁荣地方民俗文化艺术，促进社会和谐起到了重要的作用。

（三）海南戏剧

1. 海南斋戏

斋戏，亦称"做斋"。源于民间的祭祀仪式，是海南戏曲的雏形。于 2011 年入选第三批国家级非物质文化遗产代表性传统戏剧类项目。主要流传于海口遵谭、龙泉等乡镇，已有 400 多年的历史。

海南斋戏类似中国北方的傩戏，早期的斋戏祭祀仪式只是简单的舞蹈和念唱咒文，在演展进程中随着外来戏曲和剧种的传入，其祭祀仪式借鉴了"以歌舞演故事"的形式，发展成为斋戏。斋戏保留了宋元以来中国戏曲的遗音，融汇了海南民间故事、歌谣、戏曲、音乐、杂技和工艺等艺术元素。

斋戏班配有演员、乐手 10~20 人。由班主自行组合，农闲时集中排练，斋事活动时应邀演出。斋对的表演程式分为净坛、拂尘、进香、跳神、走马、登殿和献礼等，戏班自成一体、风格各异，表演时也将步法、指法和扇法这些戏剧基本功融入其中。

2. 琼 剧

琼剧是以海南方言演唱的地方戏剧，形成于明末清初，清代俗称"土戏"，又名"海南戏"。琼剧是文学、音乐、舞蹈、美术的综合艺术，是海南本土文化的象征之一，兴起于海南岛，远播广东、广西部分地区和东南亚各国，是海南人民和许多海外琼侨的精神家园。琼剧剧目至今约有 2 000 多个，包括传统戏、文明戏、现代戏、新编历史故事戏等种类。著名的优秀剧目主要有《红叶题诗》《张文秀》《狗衔金钗》《海瑞回朝》《糟糠之妻》《丘濬变奏》《海角惊涛》《红色娘子军》《苏东坡在海南》《三看御妹》《百年苍萃》《下南洋》等。

3. 海南公仔戏

海南公仔戏,又称"傀儡戏""木偶戏",是以海南方言为主要唱腔,以木偶为道具,人在幕后操纵木偶演出的一种具有海南地方特色的戏剧表演形式。始于元代,主要流传于海口、文昌等地。其最大的特点是演出时设置布幛,木偶在台前、人在幕后操纵,只闻其声不见其人。

4. 临高人偶戏

临高人偶戏是以临高本地方言民歌调为主要唱腔,以木偶为道具,人偶同台演出的一种戏剧表演形式,主要流传于海南岛西北部,为临高、儋州和澄迈部分地区约100万名操临高语的百姓所喜闻乐见。临高人偶戏始于南宋末年,由民间偶像祭祀活动演变而来,故亦称"佛子戏"。其最大特点是幕台不设布幛,演员手擎木偶化装登台,人与木偶在台上共同扮演同一角色,这种形式从古至今自成一派,成为我国木偶艺术园地稀有的剧种,被誉为"世界少有,中国一绝",是中华民族民间艺术的奇葩。

(四) 低栏建筑

随着黎族先民对自然规律的掌握,牛栏及猪圈的问世使得干栏式船型屋不再需要过高的底层空间,高脚船型屋高度逐渐降低。干栏式建筑高度降低之后,有很大一部分空间不再用于人居,而是用于饲养家禽和储放农业生产器具。

黎族的谷仓作为低栏建筑中最具有典型特征的一类,有着浓厚的地域色彩。谷仓的建筑结构分为屋顶、墙壁、底部木桩、石础几个部分。上层葵叶屋顶用于防止雨水打湿,中层弧形墙壁用于围合且通风以保证粮食不发霉,底层用密集的木桩架至石础上,避免鼠类破坏,同时保证谷仓的木柱不受潮。

船型屋因其如倒扣的船底一般的屋顶而得名。晋朝的张华写道:"南越巢居,北朔穴居,避寒暑也。"《诸蕃志·海南》中也写道:"屋宇以竹为棚,下居牲畜,人处其上。"由此可见,海南岛的黎族先民曾在相当漫长的一段时间内居住在干栏式民居中,并且将其祖先传承下来的传统干栏式建筑搭建技艺进行了调整,以适应海南高温、潮湿、日照强烈、降雨充足的极端气候条件。海南岛黎族的干栏式民居建筑通常离地 1.5~2 m,下层用于饲养体型较大的牲畜,架空的部分不仅很好地隔绝了蛇虫的侵害,并且在一定程度上保证了黎族先民的人身安全,在部落冲突及械斗发生时不至于短时间被敌方攻占。

（五）手工艺品与手工技艺

1. 椰 雕

海南椰雕主要是利用椰壳为原材料精工制作成具有地方代表性的艺术装饰及生活用品。唐代诗人陆龟蒙在《奉和袭美寄琼州杨舍人》诗中还留有"酒满椰杯消毒雾，风随蕉叶下泷船"的诗句。椰雕的技法主要有浮雕、圆雕和镂雕，还有椰棕雕和螺钿镶嵌等许多类型。2008年入选第二批国家级非物质文化遗产代表性项目名录。椰雕制作技艺精湛、风格古朴、造型优美、地方特色浓厚、渊源悠久，史料有载，早在1 000余年前的唐代已有椰雕。《琼州府志》载："唐代李卫公征蛮时，常配一椰杯带于怀中。"椰雕因有鉴毒性能而流行于士大夫阶层，明清两代，椰雕已被官吏作为珍品进贡朝廷。300年前，海口市龙华区龙泉镇的富道村就有了椰雕工艺厂，20世纪30年代，海南椰雕已销往马来群岛和欧洲各国。1956年，海口市人民政府成椰雕工艺厂。1959年，富道村椰雕老艺人文必得赴北京参加全国群英会，受到党和国家领导人接见。1999年中国澳门回归时，海南省政府向澳门特别行政区赠送的纪念品《椰树传说》和《天涯欢歌》就是海南椰雕花瓶嵌贝作品。

海南椰雕制作工序分为设计、选料、切割、抛光、造模、镶内胆、镶嵌、雕刻、通花、描金、配座、上光、镶嵌、拼贴、上蜡、修饰、彩绘和油彩等。经过历代艺人不断的实践，在传承传统工艺的基础上，大胆创新，技艺愈趋精良，使椰雕技艺日臻完美，形成各种具有欣赏性的摆件、吊件以及兼具艺术性、实用性的生活用品，其古朴之风、构思之巧、造型之趣，为传统的椰雕又添亮笔。椰雕工艺因其材料天然、绿色环保，且具有鲜明的地域特色和民族风格，使人们爱不释手。如今，海南椰雕已被列入国家级非物质文化遗产名录，多次参加全国和国际大型展览展示并获得联合国教科文组织授予的"2014年杰出手工艺品徽章认证"等多项荣誉，为海南自由贸易港的特色文化增添了一道亮丽的风景线。而今，椰雕艺人手工打造的作品数量极其有限，具有极高的收藏价值。

2. 木 雕

海南木雕工艺源远流长，木雕艺人充分利用海南盛产佳木的优势，融汇中原木雕工艺，发展形成了海南地方特色的木雕艺术。海南木雕可分为浮雕、镂雕、圆雕、根雕。木雕一般选用质地细密坚韧、不易变形的木料，如黄花梨、菠萝蜜木、坡垒、沉香等；根雕是采用多种自然形态的树根雕刻而成。雕刻作品主要有瓜柱、门窗、屏风、神龛、床、椅、文玩用品、民间信仰神像等。以刀代笔，以木作纸，精雕细刻，赏心悦目的海南木雕作品被人们誉为立体的画、无言的诗。海南木雕首选材料是菠萝蜜木。目前存世的木雕作品用材，70%～80%是菠萝蜜木。菠萝蜜木材色均匀一致、花纹粗犷、软硬适度、性质稳定。海南民间喜用菠萝蜜木的原因还在于，菠萝蜜作为热带水果之王，房前屋后普遍种植，取材容易。同时，菠萝蜜甜甜蜜蜜、籽粒繁多，选作木雕用材寓意生活美满、多子多福。此外，海南黄花梨具有得天独厚的木质优势，材质非常硬而细腻，不易变形、开裂，纹路诡异多样而漂亮，颜色金黄，气味清香而持久，因而具有非常好的观赏性。选择黄花梨的根材，稍加修整打磨，其天生丽质就显露出来，成为根雕中的佼佼者。

花瑰艺术俗称七彩木雕，在雕刻好的圆雕、浮雕上加彩绘及其他装饰，是雕刻和绘画融合为一体的一种艺术。它以雕为形，以画写神，形神兼备，是雕刻、绘画及装饰三者的结合体。它兴于唐宋，因民俗祭祀活动应运而生，作品多为民间信仰的神偶和器具等。2011年，澄迈县花瑰艺术入选第三批国家级非物质文化遗产名录。花瑰艺术的制作包括雕刻和彩绘两部分。雕刻工艺流程：选料→制坯→雕刻→打磨→整体修饰。彩绘工艺流程：上底胶→上大块彩→上局部小块彩→描线条→描绘五官。海南民间有"公期行袍"活动。明代，海南民间兴起军坡节。军坡节称"公期"，即抬出民间信仰的各路神仙的木雕神像游行，供人祭祀。出游的神像有冼夫人王母、关帝峒主、雷公神、南天大王、三清公、十八罗汉、八仙、玉皇大帝、土皇地祇和城隍爷等。

3. 贝 雕

贝雕是指选用有色贝壳，巧用其天然色泽、纹理和形状，经雕刻、打磨、堆砌和粘贴等工序精心雕琢成平贴、浮雕、透雕和镶嵌等形式的工艺品。海南贝雕，在明代时候就已达到了很高的水平，主要以山水、花鸟和人物等为题材。至20世纪50—60年代，题材主要为海南特色风情。此外，还有用大砗磲贝壳进行雕刻的各种摆件。海南贝雕取材自然天成，因材施艺，于2011年入选第四批海南省省级非物质文化遗产名录。制作贝雕的材料有扇贝贝壳、河蚌壳和珍珠贝壳等。工艺流程：设计图样→切割→雕刻→粘贴→钻孔连接→打磨。

4. 编 织

编织是人类最古老的手工艺之一，是将植物的枝条、叶、茎、纤维等加工后，用手工进行编扎的工艺，主要分为藤编、草编、竹编。其最基本的技法包括编辫、平纹编织、花纹编织和绞编等。海南岛野生编织材料丰富，编织技艺源远流长，充分展现了海南人民的心灵手巧。编织品不但为人们日常生活所用，又是家居的装饰品，既有社会实用价值又有艺术审美价值。

藤编 藤编是以藤类植物茎的表皮和芯为原料编织的工艺品和实用品。海南藤类资源丰富，藤编材料主要是以红藤和白藤为主，其外皮色泽光润、弹性极佳，用其编织的日常用具经久耐用。藤编主要以藤条、藤芯或竹为骨架，然后用藤皮编织而成，充分发挥藤条柔软、不易折断的特点。编织原料包括红藤、白藤、红藤篾和白藤篾，编织工具有修篾刀、破篾刀。工艺流程：采集原料→晾晒→削藤→编织→上油及染色。

草编 草编是传统的民间手工艺品，它是利用三棱草、蒲草、苇草、露兜草、麻纤维等野生韧性草叶编织的一种手工艺品，在海南民间广泛流行。编织方法主要有平编、绞编、编辫等，产品主要作为生产生活用品。工艺流程：采集原料→晾晒→原料加工→上色→编织→刷漆。

竹编 竹编，竹子开裂性强，富有张力和韧性，而且能编易织、坚固耐用。竹编是用刀将竹子劈成篾片或篾丝，编织成各种用具和工艺品的一种手工艺。竹子遍布海南各地，海南人民用竹材制作生活用品、农业用具，创造了具有不同艺术特色的多种编织工艺品。其中，东坡笠是海南民间传统的遮阳挡雨帽，采用竹篾丝精工编织，是海南竹编工艺代表作品之一，笠圆形尖顶，宽约 50 cm。东坡笠制作技艺 2006 年入选海南省级非物质文化遗产名录。

5. 剪纸工艺

海南自宋代就有剪纸，俗称"做纸工"。据光绪年间（1875—1908 年）《崖州志》卷十三《海防一·黎情》载丧葬之制："……贫则吃茶，富则做八，诸戚必以牛羊纸灯鼓吹来奠。"海南剪纸一来用于装饰，如贴在窗户、扇面上等；二来用于祭祀、驱邪、祈福等。剪纸的形式多样，有单色剪纸和拼色剪纸，内容多以动物和花草为主，以乐东大安剪纸为代表，主要表现黎族风俗与海南风景，于 2017 年入选海南省第五批省级非物质文化遗产名录。

海南剪纸的工艺流程有画、订、剪与刻、染、裱。画：艺人根据自己的思路或客户的要求把图案画下来，通常称为"画样子"。订：把画好的稿子订在纸上，并用剪子按照样子的大小分成小块。剪与刻：把订好的纸放在平桌上，根据图案的要求进行剪制或刻制。染：给剪好的作品着色。裱：把剪好的作品，装裱起来。

6. 炭　画

炭画也称"炭精画""炭像"。炭画像工艺是以炭精粉为颜料，以炭铅笔、擦笔、药棉和橡皮为工具来绘画的一种民间技艺。炭画约在 19 世纪末至 20 世纪初传入海南。海南炭画吸收了油画的技法，融入中国现代粉画的技巧，把古代炭像画技法与现代绘画技巧相结合，形成了明暗分明、层次清晰、立体感强、画面柔和且不反光的效果，而且永不褪色，在摄影没有普及的年代风靡一时。炭画的画法有 4 种：人像写生、相片放大、修补残缺相片、瓷画。澄迈炭画像工艺，于 2007 年入选第二批省级非物质文化遗产名录。工艺流程：人物或相片原型→成像→装裱。

7. 打 铁

打铁是人类进入铁器时期的一种原始锻造工艺，农耕社会生产工具和生活用品的制作都离不开这项技术。海南各个墟镇几乎都有打铁铺，为人民打制生产、生活用具。万宁市后安镇是著名的打铁之乡，打制的后安刀以锋利耐用出名，畅销琼州。后安刀锻造技艺于 2009 年入选第三批省级非物质文化遗产名录。

8. 黎族制陶技艺

黎族原始制陶技艺是海南昌江黎族自治县的传统手工技艺，为国家级非物质文化遗产。黎族原始制陶技艺历史悠久，考古发现六七千年前黎族原始制陶技艺就已经出现于海南地区，东汉之后黎族原始制陶被记入史册。2006 年 5 月 20 日，黎族原始制陶技艺经国务院批准列入第一批国家级非物质文化遗产名录。黎陶的器形外观比例匀称，厚度适宜，原始古朴，凝重敦厚，结构细密严实，器面光滑，没有砂粒、裂纹、洞眼、杂质及其他附着物，有红、黑、灰、褐、紫等颜色，土陶器皿上自然形成的各种梦幻般、大写意的花纹和图案，耐人寻味，具有很强的观赏性。

9. 海南黄花梨家具制作工艺

海南黄花梨号称"国宝"，其木材质坚硬、纹理奇丽、结构细密、极耐腐蚀，木头干燥后不变形，精加工后光泽油亮，是制作各类高级家具和工艺品的理想原材料，具有很高的实用价值和欣赏价值。海南黄花梨家具制作工艺入选海南省非物质文化遗产名录。

制作海南黄花梨家具的手工技艺本身所代表的是传承了上千年的乡土文化，以优等材质和高超技艺所制造的家具，它本身所形成的历史文化价值是不可替代的。人们今天喜爱海南黄花梨木家具，欣赏其精美的造型和非凡的技艺，从审美的角度凝视黄花梨木家具的华贵、典雅，其文化价值和历史意义巨大。海口市龙塘镇、龙泉镇等地至今仍活跃着一批优秀工匠。1 000 多年来，经这些地方工匠代代承传，一件件黄花梨家具精品相继诞生。著名艺人吴坤桃（1892—1924 年）的传世佳作"花梨屏雕"，雕刻技艺可谓炉火纯青，堪称稀世珍宝。1996 年，龙塘镇被冠以"中国民间艺术雕刻之乡"称号。

原始热带雨林覆盖下的海南岛，遍布佳木，其中的黄花梨木质坚韧，海南人就地取材，广泛用其建造居所以及制作农牧工具、饮食器皿等，形成了独具特色的"琼作花梨"。这些寻常百姓家的器具，一木一器，既为生产与生活所需，也是源于生活的平民艺术，成为最具海南特色的文化符号。黄花梨是海南特有的乔木树种，在海南岛西部及西南部海拔400 m以下的平原或丘陵地区分布较多，其性耐干旱、耐贫瘠。海南黄花梨之所以能成材，与其原生环境息息相关。海南岛地处北回归线以南的热带北缘，属热带季风气候，降水充沛，是我国热带森林的主要分布地、植物种类最丰富的地区之一；海南岛地势中部高，四周低，河流源于中部山区，形成辐射状水系，其土壤为砖红壤。天时、地利、人和造就了海南黄花梨文化的源远流长。

明清以来，花梨木又以温润、内敛、沉静的自然秉性，质朴、典雅、华美的独特花纹，以及难掩之香味，成为高档家具的首选木材，与小叶紫檀一起被誉为"木中帝后"。由于文人的介入和推动，木作工艺水平大幅提升，明式黄花梨家具由实用品升华为至臻完美的艺术品，由此叩开宫廷之门，成为皇室贵族以及文人士大夫家居之必备。宋代赵汝适在《诸蕃志·志物·海南》中记载："土产沉香……花黎木……其货多出自黎峒。"明代顾岕《海槎余录》亦称，花黎木"皆产于黎山中，取之必由黎人"。清代屈大均在《广东新语·木语·海南文木》中记载："海南文木，有曰花榈者，色紫红微香。其纹有鬼面者可爱，以杂如狸斑，又名花狸。老者文拳曲，嫩者文直。其节花圆晕如钱，大小相错，坚理密致，价尤重。"民国时期陈铭枢《海南岛志》说："黎人木工，未离太古之状态，不知榫合缝方法。通常用具，除粗劣之台凳外，皆以木刻成。如渡水之舟，藏尸之棺，舂米之臼，饲猪之兜，洗面之盆。"自汉代设郡至清王朝消亡，海南岛一直实行"土贡"制，即每三年向朝廷进贡一次。据史料记载，宋至清代，海南黄花梨一直为"土贡"贡品之一，并逐渐成为皇室贵族的家具用材。

黄花梨木坚固耐用，其抗日晒雨淋、耐腐朽、抗白蚁等优良性能很早就已被黎族先民所认识，因此他们把黄花梨作为建造船型屋、谷仓的首选材料，主要用作柱子、横梁、檩条等重要构件。明清两代，中国家具工艺迎来飞跃发展时期，此时，海南黄花梨凭借优美的纹理和色泽，及优良的耐用性和可塑性，被视为名贵木材传入内地，其时，文人积极参与家具的设计，匠人因材施为，精工细作，将中国古代家具制作工艺推向新的高峰，以苏作等为代表的黄花梨家具，具有简练舒展、稳重大气、自然古朴、华美典雅、形神兼备等特点，不仅为士大夫所喜爱，更"入贡"宫廷，被奉为中国古代红木家具的经典之作。人们常用"雅"来描述黄花梨家具的艺术品质。雅是一种高尚的审美趣味，是我国古代文人对才情、品格的追求。以黄花梨木为主要材质的明式家具，线条流畅简洁，给人古朴，自然、空灵之感，与我国古代文人所特有的超凡脱俗的气质相契合。明清两代，海南黄花梨被大量砍伐运出，广泛用于制作建筑构件、家具等，野生黄花梨越来越稀少。清代地方官员开始上奏朝廷限制砍伐。如今海南各地普遍对黄花梨实施科学保护,引导农户种植,愿黄花梨盛景再现。

10. 海南龙塘雕刻艺术

海南龙塘雕刻艺术入选海南省级非物质文化遗产名录。龙塘民间雕刻艺术起源于陶瓷业的泥塑,延伸到石雕、木雕,一脉相承,互为影响。从元代开始就有了石雕、木雕,到了明朝,工艺已经发展到了相当高的水平,尤其在神像雕刻方面。当时的雕刻艺人继承了我国北方雕塑的优良传统,还吸收了一些外来手法。明清两代富有人家建造石木结构房屋,四围墙体雕琢光滑,室内栋梁大多为菠萝蜜木或花梨木结构,上面雕刻的花纹细致,雕饰精美。而现代土木结构的房屋,也延续了明清石木结构的特色。龙塘民间雕刻艺术作为一种重要的文化载体,在传承中华文明、塑造艺术精品和延续乡土文化方面发挥了积极的作用,具有重要的文化价值。

(六) 信 俗

1. 海口天后祀奉

海口天后祀奉亦称"妈祖祭典",是以宫庙为主要活动场所、以祀奉为表现形式的民间纪念妈祖活动,入选第四批国家级非物质文化遗产目录。海口天后祀奉始于元代,经过700多年的传播积淀,已经形成影响广泛的民俗信仰,不仅在海口乡间流布,且已延及全岛各地。

海南岛上的移民大多在宋、元年间从福建莆田迁入。先民们把妈祖视为海上保护神,每逢妈祖诞辰(阴历三月二十三)和忌日(阴历九月初九),海口各个天后宫、天妃宫便会举行规模不等的祀奉活动。历代有关海南的史书和方志记载,元代时海口已建有妈祖庙5座,至明清两代,妈祖庙已遍及琼州府13个州县。岛上居民与海洋的情结,使妈祖文化在这里得以生根发芽,进而形成了较为广泛的民间崇拜。加之海南作为海上航运要地,其本身拥有珍贵的热带作物货源和海产品,吸引了大量外来商贾。历来信仰妈祖的闽粤商家,在海南各地兴建了200多座妈祖庙。

海口是海南的政治、经济、文化中心,各种原始宗教以及本土道教都在海口传播发展,而后形成以道教文化体系为主体的海南宗教文化。海口天后祀奉就在这样一个民俗传统更迭交替的历史背景中得以形成。海口天后祀奉作为妈祖信俗的一项民间传统活动,其厚重浓郁的古风、庄严肃穆的气氛和自成一体的祀奉程式,构成了地域色彩鲜明的民俗文化体系。随着社会的进步以及现代文化的逐渐融入,海口天后祀奉已经成为根植中华大地的妈祖文化,发展为有海外华人参与的一项具有深远意义的民俗活动。

2. 冼夫人信俗

冼夫人信俗亦称"军坡节",是海南流布最广、规模最大且具积极意义的民间纪念冼夫人庙会活动,从唐代延续至今,已有1400多年历史,列入第四批国家级非物质文化遗产目录。

冼夫人是公元6世纪杰出的政治家、军事家。她的一生,顺应历史潮流和人民意愿,致力于维护国家统一和民族团结。在梁、陈、隋3个朝代更替的历史进程中,她和她的子孙后代为岭南地区持续百年的相对稳定以及社会、经济的发展作出了卓越贡献,在人民心中享有崇高威望。在海南,许多地方先后建起了冼夫人庙,以民间传统形式举行庙会活动,以缅怀她的丰功伟绩。

海口新坡镇是冼夫人军队的驻营地,有海南"军坡节的源头"之说。每年庙会期间,四面八方的人们就会聚集冼夫人纪念馆举行庙会活动,效仿当年冼夫人出征的壮观场面化装巡游。2002年,海口市人民政府确定每年的阴历二月初六至十二日为"中国(海口)冼夫人文化节",以民间的军坡节为载体,精心组织,充分挖掘本土文化资源,推进文化创新,办成了集纪念瞻仰、文化娱乐、经济贸易于一体的大型群众性活动。每年都有10余万名海口、琼山、文昌、琼海等周边市县的民众和海外华人参与新坡镇主会场及4个区分会场的活动。诸多文化内涵的融入,使军坡节成为当地民众和国内外游客喜爱的集和谐、发展、传承、纪念、娱乐、旅游于一体的地方民俗文化盛宴。

(七)饮食制作技艺

1. 琼式月饼制作技艺

琼式月饼制作技艺入选海南省非物质文化遗产名录。琼式月饼有300多年历史,是苏式月饼与广式月饼相结合的产物。它利用广式月饼的糖浆皮,突出"软"的特点,包入苏式月饼油酥心,产生"酥"的特点,经过几百年锤炼,不断改进,形成琼式月饼"松、酥、软"的鲜明特征。琼式月饼选料讲究、做工精细、层次分明、低糖、低脂肪,符合健康饮食理念。

2. 鹿龟酒酿泡技艺

鹿龟酒酿泡技艺入选海南省非物质文化遗产名录。鹿龟酒是中国南方汤药味饮酒酿泡的代表作,其相关酿造、泡制技艺的产生、传承和发展均在海南省。

这一技艺的重要载体就是海龟龟甲和海南坡鹿鹿骨胶。由于人类活动的原因,海龟和海南坡鹿都已分别成为国家一级、二级保护动物,鹿龟酒的配料亦已改为人工养殖的山龟龟甲和人工驯养的马鹿骨胶。鹿龟酒的酿造与泡制已有600余年历史,明代医药学家王三才的《医便》和药圣李时珍的《本草纲目》都有龟甲鹿骨泡制于酒入药的记载。由于南方人喜饮带有汤药味的酒，故久而久之，鹿龟酒便成了海南岛独特的家常饮酒，其酿造和泡制技艺也因此得以传承与发展。

鹿龟酒始于明代，兴于晚清，盛于20世纪中前期，曾是琼崖纵队药食同济的保障物品。鹿龟酒传统酿造和泡制技艺是在特定的时空氛围下孕育、定型并逐步走向成熟的。

鹿龟酒传统酿造和炮制技艺在我国保健酒行业中享有"活化石"之称，它是中国酒品多样化和酒文化多元化的一个典型实例。

3. 土法制糖技艺

传统土法制糖技艺于2009年入选第三批海南省传统技艺类非物质文化遗产名录，其以本地种植的甘蔗为原料，经过榨汁、熬煮、凝固等工序制作而成。遵谭镇产出的红糖、白糖一直都作为海南的土特产而广受赞誉。

4. 海南粉烹制技艺

海南粉，海口人称"腌粉"。海南粉烹制技艺入选海南省非物质文化遗产名录。海南粉以其特有的发酵制作工艺制成细粉丝，具有香、滑、软、韧、爽的独特风味，深受群众喜爱，其美名远播海外，很多早年远离家乡、漂流海外的海南侨胞，回到海南的愿望之一就是品尝久违的海南粉。

据传，海南粉具有400多年的悠久历史。自古以来，海口人每逢娶亲、嫁女、生日、满月、公期，款待亲戚朋友，筵席上总有海南粉这一佳肴。现在许多餐厅、食堂常有供应。在海口地区的街头巷尾，随处可见出售海南粉的店铺和小摊，一些老字号、小规模经营的传统粉摊更是大受客人青睐。

（八）府城元宵换花节

府城元宵换花节原为"换香节"，俗称"驳香"（谐音，海南方言），入选海南省非物质文化遗产名录。元宵换花节是海口市琼山区府城镇的民间传统节日。府城镇是古代琼州府的所在地，是明代名家丘浚、海瑞的故乡，素有"琼台福地"之美称，1994年被国务院公布为国家历史文化名城，是海南省文化、教育的中心，其独特的人文景观和民族风情闻名于世，是每年举办正月十五元宵换花节庆典的场所。1984年，当时的琼山县人民政府针对换香存在诸多安全隐患的问题，提倡以换花代替换香的文明举措，很快得到社会各界的广泛响应。同时，在元宵节的各类民间活动中也增添了许多有益的文体项目，从而形成了集博爱、吉祥、友谊、欢乐于一体的民间传统活动。

(九) 传统浅海捕捞技艺

传统浅海捕捞技艺入选海南省非物质文化遗产名录。海口市演丰镇的曲口、河港、山北、北港等渔村，地处东寨港沿岸，得天独厚的海岸条件，使这一带成为盛产海鲜的渔村。生活在这里的人们以浅海捕捞和渔业为主要经济收入，在长期的生产实践中，渔民们积累了丰富的捕捞经验，能准确预测潮水的涨落和海上气候的变化，根据一年中的季节，每月的节气、每天的时令以及鱼的生活习性，利用渔网、渔笼、渔罩等各种捕鱼工具以传统的技艺捕捞，捕捞的土鱼、黄鳝、膏蟹、泥蚶和牡蛎等海产品，被人们称之为"演丰海鲜""曲口海鲜""塔市海鲜"，成为驰名中外的宴席佳肴。

绵延 50 km、面积逾 4 000 hm^2 的红树林为浅海传统捕捞提供了天然条件，也使渔猎文化得以延续。流传了几百年的传统捕鱼，有着非常丰富的文化内涵，每一项捕鱼技艺，都具有浓郁的渔家色彩，构成了当地别具特色的渔文化，承载着演丰沿海渔村的发展演变。

十、沉香文化

沉香因其成香过程艰难而漫长，稀缺而罕见，故位居"沉檀龙麝"之首。海南沉香，以其独特的生长环境和历史背景，自古被奉为"万香之首"，是大自然赋予海南的天然瑰宝。"博山炉中沉香火，双烟一气凌紫霞"，其香品高雅，寓意高深玄妙，品质沉静内敛，味道香而不俗、菁华厚重。海南沉香古时称为"崖香"，又称为"琼脂"，自古以来享有盛誉，有着悠久的历史和文化。它具有"久煎不焦"的香味特质，其香韵如"莲花、梅英鹅梨、蜜脾之香"而成为香中极品。

清代张嶲在《崖州志》中说："海南多阳，一木五香。海南以万安（今万宁市）黎母东峒（黎母山脉五指山以东）香为胜。其地居琼岛正东，得朝阳之气又早，香尤清淑。"海南沉香作为贡品，"自汉迄明，历朝皆有……"且沉香香品高雅，十分难得，"故欲求名材香块者，必于海之南也"。内地对沉香的大量需求，使明清时期海南的采香业获得巨大发展，也使深居山林的黎族人将采香作为重要的谋生手段。海南人不仅采香也用香，从熏香风俗到生活用具，都反映了他们与沉香密不可分的关系，汇聚成海南极富特色的"香生活"。清代屈大均游历海南时在《广东新语》中描述："买香者先祭山神，次赂黎长。乃开山，又藤圈其地，与黎人约或一旬或一二月，以香仔抓香之日为始。香仔者，熟黎能辨香者也。指其树有香，或树之左右有香，则伐取之。香与平分以为值。"

古代黎族采香者被称为香仔，他们靠山吃山，深山采香是他们生活中极为重要的一部分，除了将沉香作为贡品，海南当地的居民也常以沉香交易换以生活所需。海南沉香不仅在内地为文人雅士所青睐，在当地也深受百姓重视。在海南沉香可药用，也可用来制作生活用具。同时，它更是海南百姓祭祀先祖和向神灵表达敬仰的载体。海南岛东部、北部有在春节等重要的传统节日中祭神拜祖、焚熏沉香的习俗。通常在年节替之际，取一大火盆，将沉香木扔至盆中，从头一年烧至翌年，以应香火不断之意。黎族则用鸡骨进行占卜，熏焚沉香，以卜来年吉凶。自宋代以来，海南沉香通过各种途径，源源不断地销往内地。当时的海南岛可谓香岛，商贩可用一头牛换得黎峒一担香，其中可沉水的就占十分之一二。宋代大文豪苏轼谪居海南时写道"海南多荒田，俗以贸香为业"，说明当时海南居民多以沉香贸易换取生活所需。

中国香文化萌发于先秦，初成于秦汉，鼎盛于宋元，广行于明清。沉香自汉代登上历史舞台以来，便成为历代王公贵族、文人墨客以及黎民百姓的炉中佳品。集天地之精华、万物之灵气的沉香，既是祭天祀人的媒介，又有怡情养性、启迪才思的妙用；既是祛秽美化生活的妙方，又是治病养生的良药。纵观中华民族的文化史，无不以香为伴。到乾隆年间（1736—1795年），随着采香业的兴旺，掠夺式的砍伐已造成沉香"昔产，今无"（乾隆年间《崖州志》），很难寻觅到沉香踪影，致使清廷不得不减少沉香用量。从清末到民国初年，海南沉香几乎枯竭，中国香文化失去了海南沉香的物质支撑，曾经萦绕千年的一脉清香至此停歇。如今，白木香树已被列为国家二级重点保护野生植物，海南采取建立沉香种植基地、扩大种植面积、成立科研机构等多种方式，科学保护这一生态资源。"海南沉香"已作为地理标志产品申报保护，海南省把沉香文化作为建设"21世纪海上丝绸之路"倡议的一项重要事业来抓，以此发扬海南沉香文化，造福于民众。

十一、渔文化

（一）三亚疍家

疍民即水上居民，长年累月漂浮海上。他们傍海而居，世代沿袭，形成了独特的海洋文化特征。据研究，明朝疍家人从广东顺德、阳江等地迁徙而来，最早居住在崖城大疍港，清朝初期才陆续迁入现在的三亚港。清光绪年间（1875—1908年）《崖州志》记载:"疍民民世居大疍港、保平港、望楼港濒海诸处,男女罕见事农桑,惟辑麻为网罟,以渔为生,子孙世守其业,税办渔课。"旧时疍家人住在傍岸临水的"疍家棚",出海打鱼,生活艰辛。疍家咸水歌源于疍家人生活、劳作,是疍家人生活的重要组成部分,是疍家文化的重要标志。

(二) 拜公祭海

潭门渔民自古以来就有拜公祭海的民俗。每年出海时节,渔民都会准备肉、饭团等祭祀用品去兄弟庙中祈求出海平安。"108兄弟公"祭祀仪式通常有3种,远航启程前的祭祀通常称作"做福",也就是"祭兄弟公出海仪式";远航归来的祭祀通常称作"洗咸";逢年过节和航行到新海域的拜祭称为"做兄弟公"。舞鲤鱼灯是祭祀仪式中的传统习俗。

(三) 文教村兄弟庙

早在明代,潭门渔民就前往南海各个岛礁,从事海参、贝类等海产品的捕捞作业。在以命相搏的航海途中,遍布潭门沿海的兄弟庙是出海渔民的一种精神寄托。现存的文教村兄弟庙始建于1937年,庙门前的对联"兄弟联吟镜海清,孤魂作颂烟波静"道出了兄弟庙的意义:在祭祀"兄弟公"保佑渔民平安的同时,也在祭祀那些曾在南海出海未能归来的遇难者。

十二、宗教文化

(一) 道教文化的兴起

唐代,琼山县城建有海南最早的道堂。宋代,道教南宗五祖之一的白玉蟾在儋耳山被点化,进一步扩大了道教在海南的影响。当时,海南岛城镇及村落大都建有道观,道教文化也渗透到黎族聚居的中部山区。

(二) 鉴真与佛教文化

唐天宝七年(748年),鉴真和尚第五次东渡日本失败,漂流至海南岛,被迫在三亚停留,兴建大云寺,玄坛授戒,弘扬佛法。此外,现存于澄迈县境内的美榔双塔及其周边的石结构墓葬,体现出海南岛浓郁的佛教文化氛围。

十三、骑楼建筑文化

骑楼老街是海口市特有的历史文化街区。对于世代居住在这里的"老海口"来说，骑楼是"先人下南洋、闯西洋、到东洋，赚到钱后，用见过的最漂亮的东西建成的家"。骑楼建筑具有独特的历史文化价值。难能可贵的是，海口的骑楼街区至今充满活力，已经成为海口市的文化象征，是海口市民共同的精神家园。

骑楼建筑令人印象深刻的是临街建筑立面用灰塑工艺完成的丰富多彩、栩栩如生的浅浮雕。骑楼建筑灰塑是一种以纸筋灰和草筋灰为主要原料，结合本土文化，以花鸟、草木和传统吉祥符号为主题，在铁丝、瓦片或者竹片搭成的骨架上进行塑造的特殊工艺。其塑灰材料主要由珊瑚礁和海螺组成，完成的浅浮雕不仅美观大方，而且耐久隔热，具有重要的历史、文化和工艺价值。

第六章

县级融媒体的内涵、特征及价值意蕴

一、县级融媒体的内涵

作为基层新闻传播的重要载体和主阵地,县级融媒体中心是连接党委、政府和群众生产、生活的"最后一公里",是新闻舆论工作的重要依托。

从 2014 年中共中央下发《关于推动传统媒体和新兴媒体融合发展的意见》提出"要遵循新闻传播规律和新兴媒体发展规律,强化互联网思维,坚持传统媒体和新兴媒体优势互补、一体发展",到 2016 年党的新闻舆论工作座谈会上提出"融合发展关键在融为一体、合而为一",再到 2018 年全国宣传思想工作会议上习近平总书记明确指出"要扎实做好县级融媒体中心建设,更好引导群众、服务群众",中国媒体融合已经从中央、省级主流媒体的融合延伸到基层县级媒体,并且将县级融媒体中心建设上升为党和国家宣传思想工作的战略任务。各级党委、政府、宣传部门要把抓好县级融媒体中心建设作为深入学习贯彻全国宣传思想工作会精神和新一轮广电改革的重点工作。

"四级办台"曾经是中国特色广电体制的重要一环,县级广播电视台是自上而下广电事业的基础支柱和神经末梢。中国 2 300 多家县级广播电视台是县域最主要的媒体之一,拥有相对独立的机构、稳定的人员队伍和固定的办公场所,是县级实施媒体融合的主阵地和主战场。当前,县级广播电视台与其他媒体平台之间的融合不仅成为其生存发展、谋求未来的必由之路,而且是其发展壮大的必然选择。加强县级融媒体中心建设,是以习近平同志为核心的党中央着眼于宣传思想工作新形势新要求部署的重大改革任务,是加强和改进基层宣传思想工作、推动县级媒体转型升级的战略工程。根据中宣部三步走战略,2020 年,中国县级融媒体中心建设已基本实现全覆盖,县级融媒体中心成为基层社会治理的重要抓手，改革成效显著。2020年6月30日，中央全面深化改革委员会审议通过了《关于加快推进媒体深度融合发展的意见》，提出了深度融合、提质增效的改革任务。

随着国家媒体融合战略的不断深入，县级媒体始终坚持以习近平总书记的指示为方向，不断巩固基层媒体的传播力和影响力，提高引导群众、服务群众的工作能力，为党和国家的发展提供强大的精神支撑和不竭的思想力量。县级融媒体所拥有的强大的媒体服务功能与公共服务功能是助推乡村文化振兴的重要手段，一方面通过利用广播电视、报刊、新媒体和应急广播等多种渠道向用户提供信息服务，宣传国家大政方针、传播县级经济政治文化领域的新变化与新发展新理念，加强基层群众对信息的理解和认知。另一方面，积极发挥"媒体+"的理念，实现民生、文化、教育等公共服务功能，有利于加强农村思想道德建设，传承发展提升农村优秀文化、加强农村公共文化建设，有利于文明乡风、淳朴家风、良好民风的形成。面对新时代传播格局的转变，基层主流媒体要守土有责，更要守土尽责，积极打造县级融媒矩阵，突破媒体融合的"最后一公里"，助力乡村文化振兴格局的最终实现。

随着5G时代的到来，大数据、云计算、物联网、人工智能等技术的不断创新和发展，移动互联系统将成信息传播的现实生态，任何渠道的信息都有可能成为互联网时代的信息来源，任何终端都有可能成为互联网信息传播的出口，县级融媒体作为基层主流媒体，应切实把握自身定位，担当起"守门人"的职责使命。2019年1月25日，第十九届中央政治局就全媒体时代和媒体融合发展开展了第十二次集体学习。学习中强调移动互联网已经成为信息传播主渠道，要坚持移动优先策略，建设好自己的移动传播平台，管好用好商业化、社会化的互联网平台，让主流媒体借助移动传播，牢牢把握舆论引导、思想引领、文化传承、服务人民的传播制高点。这无疑为县级融媒体的发展指明了方向，也为助力乡村文化振兴提供了现实途径。

县级融媒体中心贯彻移动优先的原则，利用移动传播技术，形成渠道丰富、覆盖广泛、传播有效、可管可控的移动传播矩阵。例如，浙江长兴传媒集团目前拥有广播、电视、报纸、杂志、网站和新媒体等14个媒体平台，还拥有20多个微博微信平台。其中，掌心长兴公众号除提供本地新闻、便民服务、政务服务外，还提供视频直播、电视直播、H5、读报和广播等文化服务，为繁荣乡村文化、焕发乡村文明新气象提供了有利契机。县级融媒体可积极寻求与智能手机、移动网络等机构的合作，让手机终端成为县级融媒体推广文化内容的重要渠道。此外，县级融媒体在加强传播矩阵建设之余，更要加强县级自媒体平台的管理，整合优质自媒体资源，营造风清气正的网络空间环境，促进乡村文化振兴。

乡村兴则国家兴。乡村文化振兴贯穿于全局振兴的各个环节，是乡村振兴战略的内在发展动力。农村、农业和农民作为县级融媒体中心的用户群体和场景，也是县级融媒体的信息来源和服务对象，因此，促进乡村文化振兴更是县级融媒体中心建设的应有之义，既要大力整合传统媒体（如报纸、广播、电视）的优质内容资源，又要不断更新传播技术，利用微信、微博、直播、H5和无人机采集等新兴平台形态传播优质内容，真正让县级融媒体平台成为促进"三农"发展的有力推手和传播信息文化的优先渠道，成为落实基层媒体文化服务的重要平台。

二、县级融媒体的特征

（一）宏观特征

引导主流舆论：守正创新　　县级融媒体牢固树立互联网用户思维，深度融入基层舆论生态，大力推进供给侧结构性改革，用更贴近基层和群众、更符合传播规律的新闻作品和信息产品引导群众、服务群众。

参与基层治理：县融模式　　按照"媒体+政务"的理念，县级融媒体从单纯的新闻宣传向政务服务领域拓展，推进政务公开，强化解读回应。

服务乡村振兴：有为有位　　县级融媒体充分发挥"全媒调度、全网传输、全域覆盖"的优势，在县域资源推广、乡村数字信息共享、乡村文化繁荣等方面优势明显。县级融媒体在拓宽信息面、提供帮扶渠道、打造可持续发展的产业链方面具有先天优势。

（二）微观特征

内容创优：精耕本土　贴近群众　　本土化、贴近性是县级融媒体最大的优势。遵循"本地人写，写本地事，给本地人看"的原则，大量地域性原创新闻连连刷屏，富有泥土气息和人性温度的专栏叫好叫座，美丽乡村、典型人物、特色农产品的出镜率、阅读量、点赞量节节攀升。

机制创新：培养人才　激发动能　　按照采编、经营两分离原则，县级融媒体中心一般采用中心制或部门制，在事业单位企业化运营的政策指引下，一部分县级融媒体积极培育市场主体，推行"融媒体中心+国有公司"运行体制改革，为产业发展注入了生机与活力。

产业创效：服务变现　多元经营　　县级融媒体只有抓住移动互联网的发展红利，

围绕县域经济发展重心，紧扣基层百姓消费需求，重塑商业模式，在做大做强主业的同时提升服务和营收能力，才能更好地做强产业，反哺主业。

（三）传播特征

多端一体：借梯登高　多级联通　同频共振　在传播体系方面，县级融媒体通过建设自主可控的采编平台，按照"一省一平台"的综合布局，接入省级新媒体平台，形成了省、市、县互联互通互动的新闻素材库和新闻生产链。互联互融已经成为应对重大主题宣传、突发公共事件和社会热点话题时，跨越式提升传播能力的重要抓手。

精准有效：全媒矩阵　分众传播　分类覆盖　在全媒构架上，县级融媒体中心将当地广播电视台、党委与政府网站、内部报刊、官方客户端、微博、微信公众号等所有县域公共媒体资源整合，形成了"一次采集、多种生成、移动优先、全媒传播"的格局。

多维互动：圈层社交　发动群众　敢言会言　就社交图谱而言，三四线城市和县域乡镇正在成为互联网社交崛起的主导力量。亲戚、同乡、同宗、同族、左邻右舍——社交群体的圈层逻辑在基层社会依旧是显效和有效的，其社交关系本质上还是最基本的熟人信任社交。

三、县级融媒体的价值意蕴

县级融媒体赋能铸牢中华民族共同体意识的价值意蕴主要体现在3个维度，即文化价值、技术价值及社会价值。

（一）文化价值：打造铸牢中华民族共同体意识的内容资源体系

文化价值彰显县级融媒体的内容赋能价值，是从认知层面为铸牢中华民族共同体意识提供文化资源，厚植中华民族共同体意识的文化沃土，为民族工作夯实文化根基，型构中华民族想象共同体，以文化认同、凝心铸魂为核心打造铸牢中华民族共同体意识的内容资源体系。县级融媒体是新时期挖掘民族文化资源价值，增强少数民族文化传播力、吸引力、影响力的重要力量，开展多样化文化传播、凝结文化认同是其基础性功能。

（二）技术价值：建构铸牢中华民族共同体意识的技术触达体系

技术价值彰显县级融媒体的技术赋能价值，是从科技层面为铸牢中华民族共同体意识搭建数字渠道，打造沉浸式、互动化的民族工作样态，以技术价值稳固数智化时代铸牢中华民族共同体意识的网络空间阵地，建构铸牢中华民族共同体意识的技术触达体系。县级融媒体是数字智能背景下发展的产物，依循融媒体技术功能在网络空间中铸牢中华民族共同体意识，是构建网络空间传播生态的重要主体。

（三）社会价值：形塑铸牢中华民族共同体意识的社会治理体系

社会价值彰显县级融媒体的服务赋能价值，是从治理层面为铸牢中华民族共同体意识吸纳社会资源，由近及远拓宽社会行动主体，激活铸牢中华民族共同体意识的多元力量，融构共治共建共享的社会治理空间，以打造民族地区共建共治共享的社会治理共同体为旨归，形塑铸牢中华民族共同体意识的社会治理体系。县级融媒体是典型的基层社会服务平台，能够有效联结基层社会治理空间，助力乡村振兴及社会发展。

第七章

县级融媒体建设与乡村文化振兴的关系

一、县级融媒体与文化的关系

县级融媒体作为大众传播媒介之一，不仅能够向人们传递党和国家的战略方针和政策，还能够广泛地连接乡村群体，成为长期承担促进乡村公共文化发展和传播重要职责的机构，这表明县级融媒体中心不仅是一个促进乡村文化发展和传承的重要平台，还是促进乡村文化振兴的关键力量。

由于上述原因，县级融媒体中心如何为当地文化发展作出贡献已经成为行业内越来越关注的话题。2020年中央一号文件对我国乡村振兴战略进行全面部署，为乡村文化发展带来了在人员、用地、投资等方面全方位的政策扶持与保证。伴随着乡村振兴战略的实施，中国乡村文化逐渐繁荣，传统文化产业在乡村迅速发展，这为全国各县级融媒体中心与本地县域文化产业协同发展开辟了新机遇。

（一）制度逻辑：省市联合共建，打造文化矩阵

作为中国的基层媒体，县级融媒体中心是新闻宣传事业中的"最后一公里"，在文化发展方面具有重要作用。县级融媒体中心应与省级平台共联共建，协同资源，整合统筹各地区民族文化资源，打破媒体边界和层级限制，实现文化资源集约化、文化服务一体化、文化管理科技化的现代文化发展体系。

（二）内容逻辑：打造优势内容，巩固文化认同

文化是在长期的共同生产生活实践中产生和创造出来的能够体现文化特点的物质和精神财富的总和，是维系其发展的动力源泉。融媒体中心应在传统媒体内容模式改

革的基础上，深入了解广大人民群众喜闻乐见的传播形式和报道内容，生动展现文化；依托文化本身具有的多重属性进行拓展延伸，紧密联系地区特色，打造"本地化"优质内容，激励广大群众积极投身文化发展，提升文化认同。

（三）技术逻辑：数字技术先行，助力文化推广

随着数字互联网技术、大数据、云计算等现代技术的蓬勃发展，县级融媒体中心创新传播方式的契机也随之而来。在文化发展的过程中，既要在体现时代价值的同时对文化进行创新发展，又要体现或持守民族文化背后的发展逻辑。县级融媒体中心入驻社交媒体平台，依托社交媒体的多元化和多样性，展示融媒体自身的独特魅力和吸引力，增加用户黏性，助力文化推广。

（四）用户逻辑：拓宽用户基础，筑牢文化基石

群众是融媒体中心服务的重要主体，是融媒体中心工作的重中之重。融媒体中心要融入时代进步的潮流中，将民族文化元素同现代元素有机耦合，深刻认识用户的所想所需。在制度建设、内容创新和技术升级多方发力的背景下，利用区域资源为群众提供文化服务。县级融媒体以其传播形式多元化、宣传手段多样化的优势拓展全年龄段用户，在拓宽用户的基础上，激发文化发展活力，筑牢文化基石。

二、县级融媒体建设与乡村文化振兴战略相契合

全国各地县级融媒体中心已成为基层文化传播的主要平台，是在地性文化传播的最好载体，二者传播内容上契合、传播平台上共通、创作人群上多元、受众人群上统合。乡村文化传播离不开县级融媒体这个媒介载体，而二者之间的未来发展方向与步伐也相对一致。

（一）县级融媒体与乡村文化相互融合补充

县级融媒体中心致力于发掘当地乡村文化的价值，通过识别和深入挖掘当地人文资源，提高文化服务力建设的实效性。县级融媒体中心作为基层党媒，致力于深入了解群众需求，并与村民建立紧密联系，确定依托乡镇服务当地群众的总战略，发挥文化服务功能是其工作的基本任务。通过建立县级融媒体体系，能够

为乡村文化传播提供强大的媒介和技术支持，为实现乡村文化振兴作出重要贡献。

（二）县级融媒体是乡村文化振兴的助推器

实现乡村文化振兴需要利用好乡村本土人文关怀和文化底蕴。县级融媒体中心在特定地域具有独特的传播优势和影响力，它能够利用全媒体资源优势为当地群众提供文化服务，将文化的传播范围扩展到乡村的各个领域，汇聚全民共识。"向基层更好地进行文化传播，助推基层文化自信的构建"是全国各县级融媒体中心义不容辞的职责和使命，利用县级融媒体中心的传播渠道，能够准确广泛地传达乡村文化相关信息，通过提供高质量的文化信息，县域群众可以快速准确地查询和获取所需信息从而开展工作。

（三）县级融媒体弘扬乡村文化责无旁贷

县级融媒体中心的内容制作与乡村文化振兴的内在价值表达紧密联系在一起。在多元文化和娱乐化背景的冲击下，县域文化资源的挖掘与传播并没有达到理想的效果，地域文化借助县级融媒体中心的力量增强创造力、影响力和呈现力，能够更好地记录与留存乡村人文资源。县级融媒体中心结合时代背景对人文资源重新解读并进行二次创作，赋予其新的意义，让其与当下社会人们的生活相关联，利用其传播优势，探索新方法，进而探寻特色文化的多元传播途径，县级融媒体中心作为乡村文化服务与传播的基础和关键一环，是乡村文化传播的最佳载体。

媒体的传播力在某种意义上说也是文化影响力，县级融媒体中心的运行不可忽视县域文化认同。首先，县级融媒体要深刻理解县域文化传统。对于绝大多数的县域来说，地方传统生成的基础是农耕文明，县域成员对于土地有强烈的归属感，体现出浓郁的文化依附性。其次，县级融媒体要深度融通县域文化共感。在县级融媒体传播力建构的视角下看文化意义上的共感，要看到现代传媒对于地域共感的超越性，在现代性的背景之下，由于社会专业化和社会规模扩张的加剧，以传媒为基础的公共领域无时不在产生共感。就县级融媒体来说，重建文化意义上的"地方感"尤其重要，需要在传统文化与现代文化、在场文化与脱域文化、原乡文化与异乡文化交织的复合空间中有所作为，成为文化生产、传播、消费、反思的公共性载体。最后，县级融媒体要深层统合县域文化社群。全程、全息、全员、全效传播的全媒体时代重置了传播场景，唤起了全链条、多维度、多元化的文化社群参与。作为县域主流媒体，县级融媒体需要优化技术可供性，通过融合了实体空间与虚拟空间的精准传播，在文化意义上建立起受众的临场感,最大限度地与县域文化社群发生勾连,不仅要在满足民众生活需要的层次上完善媒介供给,而且要在文化权利上充分满足民众"媒介近用"的需求,进而改变县域文化社群的媒介接触习惯,使县级融媒体获得持久、稳定、在地性的文化支撑。

第八章

县级融媒体中心传播的经典模式

一、浙江省长兴县的县级融媒体

浙江省湖州市长兴县拥有3个电视频道、2个广播频率、1份报纸和2个网站。浙江省长兴传媒集团的前身是长兴广播电视台、长兴宣传信息中心（报业）县委报道组及"中国长兴"政府门户网站新闻版块。该集团是全国第一家整合广播、电视、报纸、杂志、网站、"两微一端"、数字电视网络公司、大数据公司等的县域全媒体传媒集团。2017年该集团自主研发的"融媒眼"系统上线启用，强化"一次采集、多种产品、多媒体传播"模式，促进管理扁平化、功能集成化、产品全媒化。2018年中宣部在长兴县召开了全国县级融媒体中心现场建设推进会，"长兴模式"在会议上亮相并向全国推广。

（一）技术支持

为了更好地推进融媒体中心建设的各项工作，长兴传媒集团和多家第三方公司共同研发了"融媒眼"，这是拥有自主知识产权的融媒体系统。该系统定位为《人民日报》"中央厨房"的"县域版"，具备多重功能，如集中指挥、采编调度、信息沟通、稿库资源共享、热点搜集、传播效果反馈等，既是一套"中央厨房"指挥系统，又是一套办公系统，更是一套融媒体生态系统。在技术合作方的选择上，长兴县坚持"集百家长，为我所用"，与拥有融媒体建设丰富经验的索贝科技合作，由其搭建基础系统，提供采编办公、指挥调度、数据分析、舆情监测、媒资管理等基础功能，并开放技术端口，可兼容其他平台的功能和信息，其中包括入驻《人民日报》的"全国党媒公共平台"，以及共享《人民日报》部分功能及数据。与新华社"现场云"合作，尤其是提供直播平台；与参与浙江省政务系统研发的南京大汉合作，由其研发"掌心长兴"移动客户端3.0版本；与旗下慧源公司合作，由其推进智慧服务功能建设；与浙江广电集团合作，对接蓝云（中国），拓展外宣通道。上述系统的搭建既能满足当地个性化需求，符合当地实际，又在一定程度上减少了建设成本。

（二）融媒体机构配置

长兴传媒集团融媒体中心分为10个科室，分别是综合部、采访（图片）部、大型活动（专题）部、外联部、制作部、技术部、广播部、电视部、报刊部、新媒体部。具体职责：综合部负责各部室内务事宜统筹协调、媒体产品监察、媒体资源管理等工作；采访（图片）部负责素材采集、对外宣传采制、直播实施等工作；大型活动（专题）部负责专题片采制、活动举办、协助对外宣传等工作；外联部负责各媒体平台对外宣传工作的选题策划、联系对接、报道上送；制作部负责集团的制作包装、品牌推广工作；技术部负责技术保障及安全刊播；广播部负责广播节目制播、管理及新闻热线信息采集等工作；电视部负责电视节目编播统筹、全媒体融合直播报道的方案策划和牵头实施等工作；报刊部负责长兴新闻除头版外的选题策划、新闻采写及报纸的编排校对等工作；新媒体部负责新媒体平台的建设运营和其他外接业务。

（三）经营模式

长兴县融媒体发展得到了一定的财政支持。2015年县财政项向文化传媒领域拨款约1 131万元；2016年财政支持力度加大，拨款约1 619万元；2017年拨款下降至约978万元。然而，对于上亿级体量的长兴传媒集团而言，单靠财政支持是远远不够的，提升自身的造血能力才是关键。

长兴传媒集团不断创新其经营模式和发展路径。集团从原来以纯广告业务为主的单一模式向多元化产业经营扩展，包括政务合作、活动营销、产业经营和商业广告等。在经营模式上，"媒体+"是长兴传媒集团创新营收模式、提升造血能力的突破口，旨在通过媒体内容生产与产业发展相结合，立足自身媒体优势，释放媒体融合衍生项目的活力和影响力，实现"一加一大于二"的成效。

其中，"媒体+活动+服务"模式通过为乡镇、部门、企业等客户量身定制活动或生产媒体产品，与新浪微博、今日头条等合作扩大宣传影响力，实现活动和营销的高度融合。借助"媒体+互联网+项目"的模式，辐射会展、金融、车险和教育等多种业态，展开跨界合作。同时，按照"搭平台、输模式"的理念，将全国县级融媒体建设模式中相对领先的"长兴模式"输出至其他地区。"媒体+资本+项目"模式重点将旗下慧源公司打造为一家科技创新板上市企业。慧源公司作为智慧项目的主要平台，与航天五院展开合作，统一管理政府投资的信息化项目，政府通过购买服务的方式享受信息化服务，最终实现政务资源的整合和共享。

（四）人才队伍

长兴传媒集团内编外人员占绝大多数，仅有一成左右的工作人员有事业编制。与一般媒体单位的编制情况不同，长兴传媒集团融媒体中心的非事业编的人员占绝大多数，其根本原因是传媒集团以其特有的激励机制吸引在职员工。"双聘+五档薪酬"的机制打破了编制内外人员身份的区别，以"按岗定薪、同岗同薪、量化考核、多劳多得"的模式进行分配；独创的五级贯通升降制度结合科学的"积分制考核体系"，充分调动了聘用人员的工作积极性。加强人才队伍建设，调整优化人才结构，加大对"全媒记者""全媒编辑"及专业技术人才的培育和引进力度。开展系列培训活动，精准提升记者、编辑、技术人才的能力和水平，造就更多全能型、复合型人才。同时，将新闻作品本身的质量和网络传播效果纳入考评体系，提升对外传播效果。

（五）"长兴模式"参与公共文化服务供给

长兴传媒集团是全国首个由宣传中心、广播电视台、政府网站和县委新闻社4个部门组成的省级融媒体集团，通过融合发展形成了"长兴模式"，长兴融媒体集团在参与公共文化服务供给方面主要有以下作为。

深耕本土，围绕中心服务大局 自推进融媒体建设以来，长兴融媒体集团不断开拓多元化传播渠道，坚持以"内容为王"，打造优质公共文化产品和内容生产车间，通过融媒体中心传播达到公共文化服务的优质供给。组建了移动事业部，柔性引导技术人才，增强移动新兴媒体的研发和应用。尽可能减少与传统媒体的雷同内容，为优质公共文化服务留出充足空间。在民生服务方面，长兴传媒集团融媒体中心凭借线上线下相联通的互动模式，打造发起民意诉求和反馈的互动平台，促进当地的城市管理、乡村振兴等民生工作的发展。政务服务方面，长兴传媒集团推出《直击问政》《小彤热线》等栏目，聚焦民众关注的社会热点问题，加入与基层民众的互动，更好地帮助当地民众排忧解难。在文娱服务方面，融媒体中心每年策划两三百场大型文娱活动，打造本地居民参与的公共娱乐文化体验。

深化技术，创新服务形式 长兴传媒集团打造"融媒眼"指挥系统作为中枢神经，实现信息集中化、稿件资源共享化、采编调度灵活化、反馈信息及时化。近年来融媒体中心投入7 000万元,进行全媒体的高清化改造,完成无线数字化全覆盖项目,促进公共文化服务产品和咨询的多端采集和多源头发布。长兴传媒集团建成广播与新媒体融合项目,促进广播融媒体音频、视频、图片和咨询互动等多元化的传播形式。

深入治理,打造综合服务平台　目前长兴传媒集团融媒体中心已打造政务服务类应用1 300多项,这些政务服务平台包括当地基层民众关注的社会热点事项,通过一站、一网、一端就可以线上完成政务的处理,"浙里办""长兴政务通""未来社区数码服务""掌心长兴"都是长兴传媒集团旗下优秀的融媒体服务平台,这些平台提供了优质的公共服务,涵盖了与基层民众密切相关的服务种类,涉及衣食住行、教育文化、医疗健康、政务服务等,足不出户就可以为民众解决生活中的问题。

二、江苏省邳州市的县级融媒体

(一) 江苏省对县级融媒体的支持

习近平总书记在2018年全国宣传思想工作会议上指出,要扎实抓好县级媒体中心建设,更好地引导、服务群众。《关于加强县级融媒体中心建设的意见》也在中央全面深化改革委员会第五次会议上审议通过。2019年,江苏省出台了《关于加强县级融媒体中心建设的实施意见》,此后,各地县级融媒体中心建设工作按照中共中央的部署稳步推进。以昆山、邳州、如皋、溧阳4个市作为试点,吹响了江苏省县级融媒体中心建设的号角,成效显著。其中,邳州市形成了独具特色的"邳州模式",打造了"银杏融媒"品牌,全方位展示了"九位一体"传播矩阵,为融媒中心建设工作开拓出崭新的道路,提供邳州智慧。2019年以来,首批28个县级融媒体中心携手江苏省广播电视总台的"荔枝云平台"攻克技术难关、完善平台建设,搭建起信息交流共享的桥梁,初步完成县级融媒体中心建设的"物理融合",其余各县(市、区)亦紧随其后。"银杏融媒"率先进行了融合顶层设计的改革,推动"中央厨房"建设及常态化运行,组建了"银杏融媒智慧港",着力打造产品创新的孵化器、智慧服务的主引擎,构建了具有全程、全息、全员、全效特点的新型智慧融媒,实现了从传统单向传媒向现代全媒体多业态传媒的转型。

(二) 邳州模式参与公共文化服务

江苏邳州融媒体中心是国家首批深度融合试点区,将融媒体和"银杏之乡"概念相融合，打造了"银杏传媒"特色品牌，在全国范围有了一定的影响力，形成了可复制的"邳州经验"。

破机制、强根基 多年来，邳州融媒体中心坚持打破体制机制壁垒，通过重新设计机制内结构，构建更适合融媒体体系的管理机制，对传统的人才培养与分配体制进行改革，促进基础设施的升级，保障技术的支撑力，增强"银杏融媒"的根基。组建了多达180人的特约记者团队和40人的专业记者团队，打破编制的身份差异化，定期举办工作人员专业技能培训，推进基层工作人员双向选岗，中高层人员进行公开竞争，推行绩效考核，让优秀的工作者可以得到公平的机会，得以脱颖而出。适合融媒体发展的良性机制和人才体制是县级融媒体中心参与公共文化服务高效供给的基础。

融平台、壮主干 邳州融媒体中心在内部打通各领域媒体形态，推动建设大屏、小屏互联互通的传播渠道，以"中央厨房"模式为依据，打造以融媒体中心为指挥中心的采集、内容生产、全方位传播的采编发模型。在外部连接县域内各单位政务服务、公共文化服务资源，实现资源共建、互享互融，壮大"银杏融媒"的主干。对接江苏省"荔枝云平台"，实现多元化合作，交互共享资源和技术，开拓技术融合、文化产品开发和公共服务等多方面的合作。通过多平台相融合，开展政务服务，为基层民众提供信息交互平台、诉求和反馈平台，为本地居民解决日常生活中多方多面的问题，激发了县级融媒体中心的发展活力。

创精品、繁枝头 邳州融媒体中心重视本土资源，创新媒体传播手段，为基层民众提供精准、有针对性的服务，打造符合基层民众需要的公共文化服务产品，加强公共文化服务的建设。通过微信、微博、短视频平台、H5、VR（虚拟现实技术）平台、直播平台等媒体传播方式，依托"政企云"，融入"融媒体+政务服务+公共文化服务"的模式，让融媒体的公共文化服务供给产品化、直播化，目前已与50多家政企事业单位达成合作，在手机端发布党政、企事业单位的信息。

三、江西省分宜县的县级融媒体

2016年以来，江西省新余市分宜县积极探索符合县域实际的融媒体道路，先行先试，以县广播电视台为主体，率先推进县属媒体改革创新，坚持机构融合先行、平台融合立本、延伸保障到位，成立正科级融媒体中心，重构县级媒体建设与运行机制，探索出一条县级传统媒体与新兴媒体融合发展的新路子，实现"一体策划、一

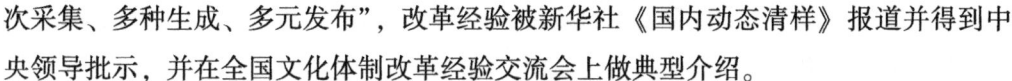

次采集、多种生成、多元发布",改革经验被新华社《国内动态清样》报道并得到中央领导批示,并在全国文化体制改革经验交流会上做典型介绍。

(一) 机构全面融合,建"新阵地"

列为改革重点 新余市委将分宜县融媒体改革作为争创江西省改革创新先行先试示范区的主要内容;出台《分宜县县属新闻媒体融合发展改革工作方案》,明确成员单位职责,作出详细安排;建立联席会议制度,强化工作调度,确保改革顺利稳步推进。

整合媒体机构 将内部刊物、微信、微博和手机报4个媒体平台从县委宣传部剥离出来,将县广播电视台、网络传输中心从县文化广电新闻旅游局分离出来,将县政府网新闻频道从县政府办公室分离出来,整合成立分宜县融媒体中心,升格为县委直属正科级全额拨款公益类事业单位,归口县委宣传部管理。新余市委机构编制委员会专题研究编制情况,在级别和编制数量上都做了加法,配强配齐融媒体中心领导班子,融媒体中心领导班子包括主任1名、总编1名、副主任1名、副总编2名。下设"两室三部",即总编室、办公室、新闻采访部、编辑制作部和技术部。

实现企事业分开 成立一家独立核算、自主经营、自收自支的文化传媒公司,负责中心7个媒体平台的经营创收,"专业人做专业事"。融媒体中心和文化传媒公司机构分开、人员岗位分开、业务流程分开、财务安排分开、考核评价分开,既保持采编业务的相对独立性,始终坚持正确导向,弘扬正能量,又保持经营创业和产业发展的生机与活力,做到了"两分开两促进"。

保障延伸到位 增加配足编制,使融媒体中心编制数达到40个,允许人员不足部分以聘用方式解决,在岗人数短期内翻了一番。县财政以逐年增加预算和全额返还预算外收入等方式,保障融媒体中心基本运行、宣传报道、公共服务等核心主业的财政经费,同时将融媒体软硬件建设及技术改造工程列为政府投资重点项目,安排900万元资金予以支持。在政府的支持下,分宜县融媒体中心先后完成了融媒平台建设和薪酬分配制度改革,从软硬件保障、内部管理、队伍建设等方面加以推进,激发了整体的内生活力。

(二) 功能深度融合,建"大平台"

统一融媒体平台,是打通媒体间固有壁垒、推动媒体深度融合的根本所在,也是各媒体实现资源共享、提升新闻生产效能的必然要求。2017年4月,分宜县融媒体中心新闻采编与运营管理的指挥中枢和中控平台建成并正式上线运行,包括1个

200 m² 的物理空间、1 个智慧云平台软件、1 个独立客户端以及 1 个移动采编系统，可调控中心所属媒体，高效协作实现新闻产品的采集、制作与发布。

1. 打造"中央厨房"

分宜县融媒体平台打造了"中央厨房"作为融合不同媒介的平台。分宜县经过深思熟虑认为没有独立研发"中央厨房"的能力，必须借助外力，于是在学习江西日报社"赣鄱云"平台技术成果、充分调研交流分享的基础上，用较小的投入建立了一个集合多媒体采编、处理、发布的平台，真正实现了多媒体共享素材、最大化应用素材的要求。

2. 再造生产流程

移动采编，信息一次采集 改革后的融媒体记者更加精练，以前一个活动需要 2~3 名记者，现在由采访中心调度，1 名记者就可以完成，开放的移动采编系统，不仅能将记者现场采集的文字、图片、音频、视频同步到云稿库，还能更大限度地发动群众采集信息，建立丰富的信息资源云库。

云上编辑，新闻多样生成 新的采编系统打破了原有的平台界限，以"大编辑部+垂直采编团队"为运营模式，记者采写的文图、音视频等各种"食材"，经过"中央厨房"精心调制做成文字报道、图文报道、音频、视频和 H5 等各种新闻"料理"，输送到报纸、广播、电视、互联网和移动客户端等各大"餐厅"，满足读者的需求。

省市县联动，实现多元传播 为扩大传播力和影响力，分宜县融媒体中心与江西省及新余市媒体加强联动，记者将写好的稿子上传到"中央厨房"，接下来，"中国江西网""江西手机报""新余发布""画屏分宜"的编辑人员马上进入"中央厨房"，按需加工编辑，然后在各自的微博、网站、客户端等平台进行分发，实现了省、市、县由下而上的三级联动。

第九章

海南省 3 个县级融媒体传播乡村文化的现状

2018年11月，中共中央发布的《关于加强县级融媒体中心建设的意见》指出，县级融媒体要做好主流媒体思想在乡村基层的传播和引导。根据海南省委宣传部的统一部署，海南全省规划建成15个县级融媒体中心，其中3个县级融媒体中心的建设情况及其传播乡村文化的现状如下。

一、琼海市融媒体中心

（一）琼海市融媒体中心建设概况

琼海市融媒体中心于2019年12月20日由琼海市新闻中心和琼海市广播电视台整合而成，是由一个电视频道、一套广播频率、一份报纸、"两微一端"等众多媒体组成的全媒体传播矩阵。琼海市融媒体中心的挂牌成立，标志着当地彻底迈进媒体融合发展的新阶段，被评为"2021年全国县级融媒体中心能力建设十大典型案例"之一，并获得全国"县级融媒体中心和基层广播电视机构先进集体"等荣誉。

琼海融媒体中心贯彻"移动优先、一次采集、全媒传播"战略，打通广播、电视、报纸、网站、App、微信和微博等平台的联通链接，推动内容、平台、技术、渠道、经营和管理的深度融合。同时，将各项政务服务、便民服务功能整合到"琼海发布"客户端，打通了传播渠道，融合多元主体参与县域治理，充分服务于群众的生产生活。一方面，向上与省、市媒体基于平台互联互动，聚合省、市、县的新闻素材并打造新闻生产链；另一方面，向下构建乡、镇、村三级新闻媒体传播通道，服务群众生产生活，提高平台价值和用户活跃度。当前，琼海市融媒体中心已经基本打通县域范围内的新闻宣传脉络，构筑了以传媒为端口的服务监督新平台，为县域居民提供政务服务与生活服务，在推进基层有效治理方面取得良好成效，为全国各地融媒体中心的建设提供了宝贵经验。

（二）"融媒体+文化传播"

党的十九届四中全会提出，发展社会主义先进文化、广泛凝聚人民精神力量，是国家治理体系和治理能力现代化的深厚支撑。因此，促进基层有效治理，构筑基层治理单元和公共文化服务体系不容忽视。琼海市融媒体中心融合当地文化内核塑造地方特色形象，弘扬当地文化，达成治理共识，充分提高地方人民的自豪感和幸福感。作为宣传主阵地，融媒体中心践行社会主义核心价值观，弘扬志愿精神，发挥榜样力量，策划推出"我和我的家乡""创业脱贫致富之星"等系列报道。在春节、元宵节和二十四节气又相继推出"网上中国节""我在琼海过新年"等特别栏目，以文字、图片、短视频等形式，展示了传统佳节的风采，多元立体地为市民提供了"网上中国节"的互动体验。此外，琼海市找准自身定位，充分利用融媒手段，制作优质文化产品，以社区为基本宣传单元，积极报道琼海市在科技、文教事业方面所取得的成就，结合疫情防控、健康教育、安全生产、节能环保等主题，推出图文、短视频和微动画形式的科普宣传，进一步提升了本地群众对于家乡的关注与热爱。

（三）乡俗文化，提升民俗文化独特韵味

除了具有地域特色的非物质文化遗产，乡村文化中包含很重要的一部分便是民间风俗，这是地域文化最直接的体现，它包含了乡村劳动人民的生活作息、民间习俗与节日传统习俗、地方文艺表演等。民风民俗作为乡村极具乡土特色的文化形态，与村民的生产劳作、生活作息密切相连，它真切地呈现了乡村的生活情态、价值观念等，具有地域性和包容性特征。伴随着城镇化的快速推进，乡村民俗文化裹挟在现代化的洪流之中逐渐被淡忘，传统节日民俗出现变形、变质以至消亡的情况；作为中华优秀传统文化重要组成部分，乡村民俗文化在以往的传播中缺乏有效、适合的媒介路径，传播效果不尽如人意。在当下融媒体快速发展的时代，新的媒介形式为民俗文化赋权，带来了新的互动方式、新的视觉呈现、新的表演重心，融媒体传播给予了民俗文化新的展示平台和空间，并且给予受众与乡村文化对话的可能。

琼海市县级融媒体一直秉持深耕"本土内容"的信念，积极挖掘本县域内优秀的文化传统，在移动优先的战略下，强化了短视频生产，推出融媒体产品，通过新式传播让乡村的传统节日习俗得到了应有的重视。在2024年"三月三"黎族苗族传统文化节，就发布了一则主题短视频，重点突出爱心助农大集市（展示琼海市13个镇

以及会山镇7个村的农副产品）、苗族婚庆体验（主要设在苗绣园村）、特色长桌宴等重要的民间习俗。琼海市县级融媒体打造了城市厂牌——乡间"青"风，借助这个厂牌与TED×BoaoDistrict国际纸质分享组织合作，把琼海的青年文化打造出来，把美丽乡村的旅游资源推广出去，讲述琼海的故事和文化。例如，以"端午奇梦缘"为主题的活动，走进博鳌袁家村，通过包粽子、插艾叶、佩戴香囊和五彩绳等体验活动，让青年群体感受传统文化和琼海本土文化的魅力。

琼海市融媒体传播乡村文化的媒体宣传

二、东方市融媒体中心

东方市融媒体中心自2019年12月27日挂牌以来，深入学习习近平总书记关于媒体融合发展的重要指示批示精神，坚持守正创新，融合发展，大力推动传统媒体和新媒体在内容、渠道、平台等方面的深度融合，积极探索县级融媒体建设发展之路。

（一）在"融"字上做文章，重构顶层设计

1. 优化调整人员机构设置

东方市融媒体中心为中共东方市委直属的正科级公益二类事业单位，归口市委宣传部领导。该中心领导班子设置主任1名（兼任广播电视台台长），副主任3名（其

中 2 名兼任广播电视台副台长)、总编辑 1 名（由 1 名副台长兼任）。编制数由原来的 37 名增加到 51 名，在原广播电视台的基础上进行资源整合，重新设置了 8 个部门：综合办公室、全媒体采编部、新媒体事业部、广播事业部、播控部、技术部、总编室和产业发展部。

2. 打造优质电视节目和 5G 智慧广播

县级融媒体是打通信息沟通的"最后一公里"，是联结基层群众的信息枢纽。东方市融媒体中心坚持"新闻立台"理念，结合宣传工作的实际需要，打造了"东方新闻""东方政法""东方党旗红""创建直通车""Hi Dongfang"等电视栏目，不断提升东方广播电视台的收视率和影响力。

由调研所知，东方市融媒体中心加强与湖南广播影市集团合作，打造 5G 智慧广播，引进其旗下湖南平安小精灵文化发展有限公司的 15 档优秀广播节目，优化调整本地节目，补齐广播节目短板，有效发挥基层广播宣传阵地的重要作用。

3. 以平台建设为支撑构筑全媒体传播格局

根据《县级融媒体中心建设规范》的要求，东方市融媒体中心构筑起"1 屏 7 平台 N 端"的平台架构（"1 屏"指挥大屏、"7 平台"指报道指挥平台、舆情监测平台、智能采编平台、传播分析平台、媒体监管平台、用户分析平台和互动管理平台），并以"东方发布"App 为核心，整合东方融媒微信公众号、东方广电视频号、东方广电抖音、东方发布抖音、微信小程序、腾讯视频、新浪微博、头条、微头条、头条小视频、西瓜视频、搜狐新闻和搜狐视频等平台和端口，初步建设全媒体传播矩阵，基本实现"一次采集、统一发声、多种生成、多元传播"。

4. 建立工作室制度，引进吸纳优秀人才，激发创作活力

东方融媒体中心在现有的体制和预算框架内，对标市场上已有的先进机制，创立工作室制度。目前根据承担的业务内容和成员身份的不同，创立了 4 个不同类型的工作室，分别为张冬影视传媒工作室、新媒体工作室、林峰工作室和重点报道工作室。

张冬影视传媒工作室 成立于 2020 年 4 月，借助市委、市政府人才引进的扶持政策，吸纳省内外专家型人才，落户东方市。该工作室的工作人员都由工作室自主聘用，承担"东方政法"等栏目的策划、摄制、包装，东方市部分大型活动的策划执行，专题片制作，以及人员培训等。该工作室成立以来，已完成了 50 部大型专题片以及 20 多场大型活动。

新媒体工作室 成立于 2020 年 5 月，主要运营东方融媒微信公众号、东方广电抖音、微信视频号、头条等 14 个新媒体平台。

林峰工作室 2020年成立，2021年完善升级，主要承担"创建直通车""东方党旗红""Hi Dongfang""乡村振兴进行时"4档常规专题节目的策划、拍摄、制作。

重点报道工作室 体制内工作室，主要负责"东方新闻"栏目和海南广播电视总台西部演播室"全媒体大直播"栏目直播等方面的工作。

东方融媒体中心创新融媒工作室制度，激励团队争先创优。在收益激励方面，实施绩效分配，按照"多劳者多得、创新创优者多得"进行绩效分配，获奖作品可以额外获得项目奖金。在精神激励方面，给每个工作室挂牌，设计名字、标识、海报，每个工作室都有自己的制度和文化，增强团队的荣誉感，激发团队战斗力。在用人激励方面，下放工作室人员招录、用工权力。融媒体中心对工作室实行项目制，坚持"养事不养人"原则，工作室负责人根据工作情况自行招聘人员，自行管理。

5. 加强与央媒、省媒的联动合作，增强对外宣传工作质效

接入省融媒体中心全媒体指挥平台 2020年8月，东方市融媒体中心指挥平台正式接入海南省融媒体中心全媒体指挥平台，省级平台能通过后台操作直接调取东方市融媒体中心的采编系统，向"东方发布"客户端推送的新闻信息，实现新闻信息资源共享。

成立演播室 与海南广播电视总台联动合作，在东方融媒体中心成立了海南广播电视总台西部演播室。以"全媒体大直播"栏目为承载，每天中午与海南广播电视总台主演播室实时连线，既拓展了外宣渠道，又提升了直播能力，锻造了一支新闻直播团队。

挂牌成立海南自贸港（东方）国际传播中心 2022年6月，东方市委宣传部、东方市融媒体中心与新华社新闻信息中心海南中心探索建立"融媒体中心+国际传播中心"，即海南自贸港（东方）国际传播中心，开设"Today Dongfang"海外社交媒体账号，策划推出东方特色文化，将黎族原石制陶技艺、下南节、黎锦等文化分享给海外网友，向世界讲述"东方故事"。"Today Dongfang"包括"大美东方""魅力东方""生态东方""活力东方""开放东方""寻味东方"等栏目，还策划推出迎新年、"趣玩非遗贺新春"等选题合辑。"Today Dongfang"海外社交媒体账号自2023年12月以来连续两次进入中国城市海外社交媒体×Twitter传播力指数TOP10，东方"生态之城"的形象"出圈"海外。截至2024年3月22日，东方市双平台账号（Facebook×Twitter）粉丝量达14.8万人，在全球范围内获得逾3 400万人次的曝光量（表1）。

表1 "Today Dongfang"在Facebook和Twitter海外社交媒体账号的精彩文章

发布时间	标题	总互动量	总曝光量
2023年1月	黎族工匠修缮黎族原始村落白查村遗留下来的文化遗产船型屋组图	1 875人次	超10万人次
2023年6月21日	东方黎锦亮相深圳文博会海南馆	超1 400人次	超14万人次
2023年6月24日	2023年非遗购物节上东方陶娘展示黎族原始制陶技艺	超1 700人次	超6.7万人次
2023年7月11日	海南东方讲军话的居民群体为纪念东汉时期马伏波将军举办的下南节文化活动	超700人次	超11万人次
2024年2月12日	东方"春晚"贺新春	超5 000人次	超20万人次
2024年2月17日	趣玩非遗　游园迎春	超2 000人次	超12万人次

注：本表为笔者根据案例梳理。

"Today Dongfang"在Facebook和Twitter海外社交媒体账号的文化传播示例

向省级媒体上报信息　2022年，东方市融媒体中心累计上报省级媒体共580余篇，被采纳近800篇（次），其中《海南东方：哈密瓜大批量上市》《海南东方：冬季瓜菜陆续上市》《东方火龙果进入采收期农业丰产农民丰收》等近10篇新闻分别被中央电视台第二套和第七套节目采纳播出。

（二）强化重大主题策划，提升舆论引导力

东方市融媒体中心重视党的二十大主题宣传工作，先后策划推出《喜迎二十大　奋进新东方》《喜迎二十大　走进乡镇看发展》《喜迎二十大　走进老区看变化》《学习贯彻党的二十大精神》等专栏报道以及系列图文、短视频，展现新时代新征

程上东方市各行各业取得的喜人成就，广大干部群众苦干实干、奋勇争先的精神，以及高质量打造西南部中心城市和助力海南自贸港建设的拼搏干劲、实干担当。

东方市融媒体中心积极探索，通过"党史+地方文化"的形式打造爆款产品，在党史学习教育中，积极寻找与本地群众情感共鸣点。新媒体作品创作尽可能结合本地文化特色，创新推出《东方红又红》《唱支山歌给党听》等献礼中国共产党成立100周年音乐短片（MV），以及《百年匠心庆祝中国共产党成立100周年》《亲爱的党，我想对您说》等系列短视频；党史学习教育宣传注重"年轻化，互动化，融合化"传播，创新推出《党史快问快答》10集、《一分钟学党史》13集等系列短视频，以"短、平、快"和年轻人喜爱的方式，将百年党史知识和东方党史知识通过轻量化、年轻化的形式表达出来，使严肃的主题显得生动活泼，能够入脑入心。

东方市融媒体中心创新报道方式，让会议报道不枯燥。在2022年东方市党代会与两会期间，东方市融媒体中心新媒体通过短视频、图文直播、海报、长图等多形式创新宣传报道，策划推出《喜迎党代会，说说我们这五年》《向党代会报告》《党代会小课堂》《党代会第一线》《代表委员带你看两会Vlog》《代表委员议报告》《两会侧记 人大代表符花金：唱响黎族民歌"欧欧调"致力民族文化传承与发展》等东方市党代会、两会图文直播作品，以及一图读懂东方市党代会工作报告、政府工作报告、人大工作报告、政协工作报告等新媒体作品，营造了浓厚的宣传氛围。开设专题专栏"勇毅前行这五年"，播发新闻97篇，推出短视频51个，全网阅读量78万人次，转发量近2万次，其中，《中国共产党东方市第十四次代表大会今天上午在东方文化广场大剧院开幕！》获得12万人次的网络阅读量，互动评论区好评如潮，大量粉丝对东方市领导干部踔厉奋发、真抓实干的精神以及东方市发展的辉煌成就高度赞誉。

三、海口市融媒体中心

(一) 海口市融媒体中心概况

2023年，海口市成立了产业经营大平台，海口广播电视台下属的13家公司与海口日报下属的5家公司融合组建为海口市融媒体中心，同步成立海口市传媒集团（集团下属有18家公司）。

海口市融媒体中心遵循三位一体的产业经营发展方向，一是全媒体平台打破区域

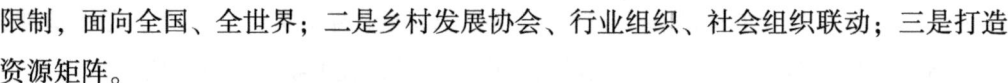

限制,面向全国、全世界;二是乡村发展协会、行业组织、社会组织联动;三是打造资源矩阵。

海口市融媒体中心主要作为内容平台制作内容产品,包括生活、医疗健康、教育科技等内容。海口市融媒体中心的内容板块主要有海口生活广播、环球咨询广播以及自贸港乡村振兴融媒体服务平台公众号。自贸港乡村振兴融媒体服务平台是由海口市乡村振兴局和海口广播电视台发展产业中心共同打造的,致力于推动自贸港乡村振兴,讲好海口乡村好故事,提供全媒体内容生产、融媒体矩阵传播、产业链全面开发、品牌塑造升级等专业服务。该服务平台主要包括"乡村振兴微访谈""乡村振兴有趣事""椰城香见 嗨玩乡村""海口和美乡村新发现""主播带你逛乡村"等栏目。

海口市融媒体中心的人员编制为200多人,有新闻报道部、技术部、采编部、内容生产部及营销部等部门。该中心在海口各个市县建立文化小镇,组织宣讲队伍,培养宣讲工作人员,宣传党政方针政策并推广本地农业品牌。

(二)宣传非物质文化遗产,引领乡村文化发展

乡村的民间工艺资源丰富多彩,是乡村文化典型的代表。民间工艺作为乡村文化中重要的文化遗产,与中国传统文化紧密相连;而随着时代变迁与社会发展,加之传统媒体传播效力不足,非物质文化遗产的传承情况不容乐观。非物质文化遗产的传承与传播需要高度重视,除了政府、民间组织带头实施保护工作,县级融媒体的传播功能也不可小觑。县级融媒体的虚拟现实(VR)、增强现实(AR)、全景、直播等数字化技术能够使传统的非物质文化遗产以新的图文场景、视频形式得到呈现、保存,并通过互联网广泛传播,供感兴趣的人们欣赏、研究,实现资源共享。

海口市融媒体中心在文化融合传播方面对东山草编非遗文化留足了笔墨空间,充分利用融媒体平台,在海口日报、自贸港乡村振兴微信公众号的"椰城香见 嗨玩乡村"及"乡村振兴有趣事"等栏目设立东山草编的文化板块,探寻东山草编的历史渊源与艺术特色,同时以多媒体形式展示其技术工艺,起到了文化传承作用,并且展现出乡村特有的文化底蕴与风采。这样的多媒体的传播形式一方面吸引了更多年轻群体关注传统技艺,使其有机会得以传承和发扬,另一方面也能够起到促进文化产业化发展的作用(表2)。

表 2　海口市融媒体中心对非物质文化遗产东山草编的传播实践

平台	时间	栏目	标题	融媒体形式	点赞数（个）
自贸港乡村振兴微信公众号	2024 年 1 月 16 日	椰城香见　嗨玩乡村	秀英区东山镇非遗草编工艺	视频	251
自贸港乡村振兴微信公众号	2024 年 7 月 24 日	乡村振兴有趣事	非遗东山草编——守护温度　传承匠心	视频	215
海口日报	2024 年 7 月 21 日		东山草编	视频	51
海口日报	2024 年 9 月 22 日	关注首届海口城市艺术周	在海口体验非遗技"艺"，民俗韵味"触手可及"	视频，文字	10

注：本表为笔者根据案例梳理。

非物质文化遗产东山草编的传播示例

第十章

海南省县级融媒体传播乡村文化存在的问题、创新路径及展望

一、海南省县级融媒体传播乡村文化存在的问题

海南省县级融媒体中心在建设过程中取得了良好的进展，但也面临着融而不合、人才缺失、内容制作质量不高、资金筹集困难、技术创新难等方面的挑战。当前，海南省县级融媒体中心关于乡村文化的传播都能展现自身的乡村风貌、文化民俗等，并通过其他平台和模式使传播效果最大化，取得了一定的成效，但是，县级融媒体中心在文化传播过程中也存在许多共性问题。对标国内典型县级融媒体的乡村文化传播态势，海南省县级融媒体仍有进一步改进和加强的空间。

（一）传播者文化传播功能失衡、人员素质欠佳导致融合力不强

海南省县级融媒体由县级宣传主管部门主导。由于各地财政状况不同，各县（市）在融媒体建设上的财政投入也不尽相同。文化传播工作需要投入大量的精力和资金，而且收效比较慢，不能立即看到成效，因此相关职能部门对于文化传播工作的重视程度不够，县级融媒体获得的财政支持不足，纵深传播难，二次传播资源少，文化传播方面缺少专项资金支持。虽然各县级融媒体做了很多工作，但大部分都是其他项目中涉及一些文化内容，并非独立的文化项目。部分县级融媒体的市场化运作意识不强，广告收益较低，以致其在节目制作、创新以及人才引进方面乏力，进而导致县级融媒体传播力不足。正因如此，县级融媒体在"兴文化"方面的作用没有很好地发挥，县级经济的薄弱使得县级融媒体对乡村文化的传播缺乏物质基础和保障。成立融媒体中心是各县级媒体的必然选择，但融合并不能水到渠成。

融媒体关注的不仅仅是物理上的融合、介质上的融合，更是思维理念上的融合，而人才在这一关键的转型环节发挥着至关重要的作用。融媒体人才是媒介融合创意与执行的保证，要求具备新闻采编、图片处理、视频剪辑、可视化数据制作、人工智能应用等综合能力，而目前既能完成新闻信息采编，又胜任新媒体平台运营，既熟练掌握新闻传播规律，又能够在传播中运用创新新媒体技术，同时用多渠道、多端口创造新增流量的融媒体人才少之又少。此外，一方面，目前融媒体从业者还保留着传统的媒体运作思维，不少媒体工作者仍存在畏难、等待、观望、拖沓和逃避等心理；另一方面，目前从事融媒体工作的人员大多是非专业、编外人员，人员分散性、流动性强，核心团队人员稳定性差。人员素质欠佳致融而不强，人才队伍是提升县级融媒体中心建设水平的主要瓶颈。一方面，县级融媒体中心的人员在互联网思维、媒体新技术和产业运营等方面都存在知识与能力不足的问题，同时现有的人才由于受编制、待遇、职业发展等多种因素影响也时常有流失；另一方面，部分县级融媒体中心由于受地域生活环境的限制，从外地引入高层次人才尤其是优秀的全媒体记者、高端技术人才和产业经营人才仍有很多困难。

（二）传播内容缺乏文化底蕴，城市文化喧宾夺主

"媒体+"理念理解不透彻，只是将单纯的新闻宣传向服务领域拓展，将媒体与服务等业务相结合，满足用户多样化需求，开展"媒体+服务""媒体+文化服务"等业务。海南各县级融媒体中心业务建设没有从"媒体+"理念出发建设单独的文化业务版块，而是将文化内容掺杂在新闻资讯业务栏目里发布，新媒体版面的文化传播模块不突出，存在互动性和观赏性普遍偏低等问题，这样必然就不能很好地对乡村开展文化服务，对乡村文化也就没能起到较好的传播作用。县级融媒体由于资金、技术和人才各方面的牵制，创新性不强，大多依靠上级媒体的内容输出，致使信息同质化、单一化较为严重。当前塑造品牌文化同质化现象严重的主要原因在于转型期的县级融媒体中心更愿意深耕基层舆论引导和信息综合服务两个领域，对于文化资源的挖掘意愿并不强烈，也缺乏足够的人力和财力来打造县级文化品牌，这需要在未来一段时间内深度整合媒体资源，形成专门服务于这项工程的人力财力物力资源。如何摆脱同质化的束缚，尽快从同类型县级融媒体中脱颖而出，是今后县级融媒体中心建设需要重点考虑并解决的问题。只有形成"一县一品"的品牌形象并对外传播，县级特色传统文化的传承与保护才能更有针对性，从而吸引更多受众。

长期以来，城市文化媒体的内容越来越丰富，县级融媒体则更多地关注城市，关于乡村文化的内容偏少，人口占大多数的乡村缺少更高层面的文化观照。县级融媒体

虽然拥有接近基层群众的天然优势，囿于不能利用本县域的特色文化去潜移默化影响地方受众，在信息传播的过程中丧失了自身的文化底蕴和特色。迫于县级融媒体资金不足的现实条件，县级融媒体的报道方向性随着市场发展逐渐开始有所转变，大多数媒体倾向于追求商业利益，对文化信息的传递有所忽视。单纯就传播内容而言，县级融媒体涉农内容少，缺少乡村特有的文化气息，使受众易对乡村形成一定的刻板印象。

（三）传播矩阵发展形式化，自媒体影响舆论格局

2012年，在中共中央的指导下，县级"两微一端一号"媒体平台开始全面建设，县级融媒体平台数量大幅度增长，全国县级融媒体已初步形成较完整的传播矩阵。然而，很多县级官方媒体开通的微信、微博、公众号及客户端平台内容更新缓慢，空壳化、同质化严重，各平台的原始用户数量积累不足。海南省县级融媒体已经初步实现县级媒体资源的物理整合，建成符合当地需要的采编播机制和全媒体传播矩阵。然而，海南省县级融媒体中心的创建面临理念缺失的问题，未能充分发挥"中央厨房""全媒体演播中心"等功能，仍然以会议新闻、领导日程等政务报道为主。与此同时，海南省县级融媒体中心的实践还缺乏更深层次的理念融合，未能树立融媒体的思维和机制，未能确定自身的媒体定位，其新闻作品不能充分彰显县级融媒体中心的属性，未实现其乡村文化职能。由于缺乏互联网思维和精准的定位，海南省县级融媒体中心实质上仍遵循以往"办台办报"的思维，新闻的自主性和时效性不能得到有效保障，难以打造乡村文化的精品内容。创造高质量的原创融媒体作品是县级融体中心建设的关键与核心，但目前部分县（市）的大部分新闻资讯仍然借助于转载，宣传部门的稿件、节目与新闻内容缺乏原创性。此外，在融媒体资源利用上缺乏整合创新能力，只是通过将报刊、广播电视的内容重复呈现在融媒体上。以东方市融媒体中心为例，其对文化内容的挖掘和创新不够，缺乏新奇性。部分工作人员可能对当地的文化背景、历史传统、价值观念等缺乏深入了解，导致在文化传播时无法准确传达文化内涵。这些都是融媒体产品在"从无到有，从有到优"发展道路上面临的阻碍。

近年来，国内用户群整体呈现向乡村下沉的趋势，县域内自媒体快速发展，县域内的企事业单位、社会团体、个体人员都纷纷创建自媒体平台，与县级媒体分割内容流量和广告资源，给体制内的媒体造成一定的竞争压力。此外，县域舆论格局也随之变化，由于乡村自媒体监管难度大，其中的负面内容严重干扰了县域良性舆论格局建构；在某些短视频平台上，特殊的乡村"土味文化"盛行，传播内容偏离或者矮化真实的乡村文化内涵，让受众形成了乡村文化等同于"土、俗"的刻板印象，影响

了乡村文化的外部舆论氛围。

（四）传播受众文化的敏感度低，用户思维遭忽略

一种文化价值的实现，在于它被人们所认同的程度。假若县级融媒体不顾及广大乡村受众对县域传统文化的认同，重建乡村文化的价值就丢失了固有的理论外延，乡村文化振兴也无从谈起。乡村本地人口是县域乡村文化传播的主要受众，既有文化水平导致他们对文化的感知度较低，对乡村文化的价值认识不到位，因此县级融媒体更应重视乡村文化传播。当下县级融媒体重视传播党和政府的声音，频繁报道地方政府部门会议以及政府领导巡视、走访活动等相关内容，未能有效对接县域受众对信息与乡村文化的多样化需求。当县级融媒体的信息传播剥离了群众的日常生活、没有植根于当地特色文化时，县级融媒体的基础性作用也会难以发挥，内容难以有效适应民众文化需求。网络时代的信息传播需要树立互联网思维，树立"内容为王"理念，从而在新媒体平台海量的内容中赢得受众的关注。之所以提出媒体融合战略，正是由于互联网的兴起促使自媒体内容崛起，限制了传统媒体的生存空间和受众市场。县级融媒体中心受到国家和地方政府的倾力扶持，是中国媒体融合战略下的新型主流媒体，肩负着在新的历史条件下引导和服务县域群众的重要使命。海南省县级融媒体中心的文化建设大多仍保留传统媒体时期的本位主义思想，内容难以满足民众故事化、情感化、话题性、娱乐化的媒介接收习惯，具体表现在两个方面。其一，存在硬传播现象。部分海南省县级融媒体中心发布的绝大多数新闻作品浏览量不高，用户的评论、点赞、分享等互动行为较少。大量作品以满足主管单位的宣传要求和量化考核为主，未能重视作品的可看性和浏览量。其二，内容同质化。海南有些县级融媒体中心的报道主题、新闻议程、栏目设置等存在严重的同质化问题，大量报道关注政务活动。海口市融媒体中心基层的村镇干部配合度不高，主要是自身对文化传播的认识以及对未来的判断不足所导致的。

（五）传播效果不理想，文化认同急剧弱化

由于资金和技术投入有限，海南省县级融媒体在技术创新和应用方面面临瓶颈，限制了其文化传播的效率和效果。海南省县级融媒体传播效果不理想的背后与内容可看性、渠道建设及互动反馈直接相关。部分县级融媒体制作水平有限，对内容生产环节着力不足，节目设计缺乏创新，以受众实际需求为主导的原创内容偏少，加之大量的广告掺杂其中，导致县级融媒体收视率日渐低下，县级融媒体内容可看性较差，即便带有乡村文化的传播内容也会因为受众的收视习惯、媒介使用习惯而受到影响；同

时，县级融媒体的传播效果受村民自身文化素养的影响较深，传播过程单向且长期处于被动状态，受众的参与度不高，反馈欠缺，乡村文化传播效果不尽如人意。而对外出务工的农民工而言，他们有更多的机会接触到网络、手机媒体，但在消费文化、城市文化和网络文化等多元的文化浪潮中，身上所秉持的乡村原有的思维理念、生活方式、传统习惯在悄然发生变化，当他们通过县级融媒体去感知自己曾经经历的家乡传统文化时也有了距离感，文化认同急剧减弱，乡村文化逐渐成为他们头脑中的远方。很多县级媒体过去对县级传统文化挖掘力度不足，在县级融媒体中心成立以后，挖掘本地极具特色的传统文化成为基层融媒机构的共识，但在挖掘和开发力度上仍较为欠缺，例如，缺乏与身怀绝技的地方优秀文化传承人的联系。海南省县级融媒体中心已经探索出了多条挖掘地域优秀传统文化的途径，如举办展览、文艺晚会等。如今，沉浸式传播大行其道，因此有必要继续探索出一条新的文化传播路径。如果县级融媒体中心能够密切联系县级传统文化传承人，并通过拍摄短视频等方式搭上沉浸式传播的快车道，在短时间内挖掘优秀传统文化、树立本地文化品牌的目标或许会更易实现。

二、海南省县级融媒体传播乡村文化的创新路径

打造具有本土地域特色、文化气息的融媒体中心，是海南乡村文化发展的必由之路。海南省县级融媒体中心应立足于县域资源，挖掘当地特色，打造以乡村特色文化为抓手，贴近群众实际，为人民群众所喜闻乐见的融媒体平台，真正实现乡村文化的可持续发展。同时，要重视本土人才队伍建设，坚持"本地人写，写本地事，给本地人看"的原则，鲜活地呈现出乡村特色文化好故事、好人物、好画面。

（一）增强地方合力，挖掘和推广乡村文化

新的媒介生态环境下，靠单打独斗并不能有效满足新时代县级融媒体的发展需求。乡村文化是县级融媒体中心建设的独特优势，作为县级主流媒体，海南省县级融媒体中心应积极引导县域各级传播主体贯彻媒体融合发展理念，这就要求县级融媒体中心放下姿态，以平等合作的方式整理现有资源，增强传播合力。政府及县级媒体机构要主动与非遗保护部门、民间团体和个人开展业务合作，开启非遗传播资源的共享，积极共享包括文化传承人等在内的核心资源；同时，也可以鼓励以营利为目的的地方传媒企业的发展，最终达到战略共赢。一方面，这可以为融媒体中心提供丰富的报道素材，提高基层群众对融媒体中心的黏性；另一方面，海南省县级融媒体中心也

可以为其他传播主体提供技术支持，作为县域内具有较高话语权的媒体机构，县级融媒体可以通过增加其在各个场景中对乡村文化的报道，扩大其影响力，使传播效果最大化。

挖掘、探索、保护、推广县域优秀乡村文化，整体性、全方位、可行性方案必不可少。整体方案的出台意味着振兴地域乡村文化这项事业有了全局性的规划，能够在一段时间内指导县域文化资源的挖掘与采集工作，为下一步更好地传承与推广优秀乡村文化做好可行性规划，还能督促海南省县级融媒体中心按部就班地完成县域优秀乡村文化的深挖与推广工作。从基层受众的视角来看，整体性蓝图呈现在他们的眼前，能让他们更加清晰地看到县域优秀乡村文化的保护与传承脉络，增强对于县域优秀乡村文化振兴的信心，提高他们参与的积极性。要再造地方性，就必须聚焦于当地，把地方资源充分运用引入县级融媒体的打造中去。善于发掘和纳用地方人力资源，让本地人讲好地方故事，从而建立从县域下沉到各个乡镇的文化矩阵。充分融合地方资源优势，是县级融媒体的优势所在，具有深厚地方人文底蕴的本土资源，能让地方少数民族的文化传播事半功倍。例如，海口市融媒体中心办夜校，向村民传授农业科技，在县（市）建立宣传工作组，让村民用海南话和普通话宣讲政府方针政策，尤其是乡村振兴政策。东方市融媒体中心可以在非物质文化遗产保护中心的工作成果上，专门组建少数民族文化传播工作组，对县域内的少数民族非物质文化遗产进行系统排查。在日常工作中传播县域内的乡村黎苗文化，寻找县域内未纳入非物质文化遗产名录的传承人，通过已经公布的代表性传承人去发掘和整理鲜为人知的少数民族文化，例如一些古老的、未能广泛流传的神话传说、民间故事等。要将那些鲜为人知的少数民族文化习俗传播出去，激发受众的共鸣。地方人才作为文化传播的重要力量参与少数民族文化传播，有着更为明显的地方优势，东方市县级融媒体中心应建立良性的奖励机制和专门的地方岗位，充分发挥本地人才的优势。

（二）加强内容创新，打造品牌特色

海南省县级融媒体中心应在传统媒体内容模式改革的基础上，深入了解广大人民群众喜闻乐见的传播形式和报道内容，生动展现乡村文化；依托文化本身具有的多重属性进行拓展延伸，紧密联系地区特色，打造"在地化"优质内容，激励广大群众积极投身文化发展，提升文化认同。在文化引导方面，海南省县级融媒体中心既要"顺大势"，又要"接地气"。在群众层面，县级融媒体中心要挖掘出满足受众喜好、贴近群众生活的媒体作品；深入理解民族特色文化在地区发展过程中占据的重要地位，做让人民群众满意的主流媒体。在内容层面，要下沉基层，关心人民群众所关注

的话题；要重视深度，重视地方特色乡村文化报道，创作题材广泛、形式多样且具有深度的优秀融媒作品，激发人民群众对乡村特色文化的自豪感和自信心；要重视融合，充分利用数字技术制作生动的内容，借鉴优秀融媒作品，广泛开展互动类、H5等宣传作品制作，充分融合新媒体技术和深厚的文化内涵，使内容生产既有"厚度"，又有"深度"。要实现乡村文化的强势传播，根植于地方土壤的海南省县级融媒体应该把踏踏实实做内容放在首位，将内容创新与地方特色深度融合。"内容为王"依然是媒体在激烈的市场竞争中生存的核心资本。海南省县级融媒体参与乡村文化传播，归根结底还是要依赖传播内容的创新与深化。县级融媒体在打造乡村特色内容时，应该努力成为乡村文化走出大山的窗口和桥梁，用好地方语言、地方人、地方事，将乡村文化与大众文化相结合，积极打造县级融媒体与基层受众共通和共情的空间，例如，海口市融媒体中心在每年的荔枝节宣传当地的荔枝文化，为村民直播带货，并在"自贸港乡村振兴"平台专设一个栏目"椰城香见 如此多椒"，重点推广大坡胡椒。

海南省县级融媒体中心要具备打造地方特色文化品牌的意识，加强与县域优秀传统文化传承人的联系，及时了解他们的所思所想、所面临的困难，及时向民众推广他们所创作的具有时代气息的传统艺术作品。找准和本地风土人情相契合的方向，打造出别具一格的地方文化品牌，是避免当前各地文化产品同质化的有效方法。要鼓励民间艺人创作出更多优秀的传统艺术作品，让特色文化焕发出前所未有的生命力，成为地域特色文化的"名片"与"窗口"。地域优秀传统文化不能满足于在县域范围内传播，文化需要走出去交流和借鉴，通过横向交流与纵向延展的方式将县域优秀传统文化的优质基因传播出去，打破文化传播的空间壁垒，可以实现本土文化的全局性传播。县域特色文化只有让其他地区的受众广泛知晓，才能真正成为该地区的特色文化品牌。这一点对于打造县域文化"新名片"、实现乡村文化振兴至关重要。

（三）打造矩阵与渠道，实现多平台媒体联动

随着城乡数字鸿沟的显著缩小，互联网已然成为融媒体中心发展建设的重要元素。海南省县级融媒体中心的乡村文化传播，如果仅局限于地区自身的努力，很难取得良好的传播效果。因此，海南省县级融媒体中心应当积极开展基于资源共享的跨区域协作，与其他地区的媒体中心建立合作关系，跨区域、跨层级搭建媒体资源共享平台，整合资源，多方联动，深入挖掘整理乡村文化资源，构建准确权威、开放共享的公共资源数据平台。海南省县级融媒体中心的新媒体平台经过近几年的不断发展，逐步形成了"两微一端一网多平台"多元化矩阵模式。例如，琼海市融媒体中心建立

了客户端、开设了官方抖音和官方微博账号；东方市融媒体中心建立了新媒体工作组，主要运营东方融媒微信公众号、东方广电抖音、微信视频号、头条等14个新媒体平台，以及海南自贸港（东方）国际传播中心的"Today Dongfang"海外社交媒体账号。海南省县级融媒体应积极构建能够适应时代发展、适合新媒体的传播渠道，加快拓展多元化的平台传播矩阵。只有拥有丰富的渠道、完善的平台、大量的用户，才能让优质的内容快速传播，达到社会影响力的最大化。海南省县级融媒体中心在做好新媒体运营的同时，还与电视、报纸、广播电台等传统媒体平台实现资源互补、渠道互动、内容互通，新媒体和传统媒体相辅相成、协同发展。

海南省县级融媒体中心要整合县域乡村文化资源，运用大数据、云储存、标签化等数字化手段，联合当地图书馆、文化馆、博物馆、高校和社会团体等，创建"乡村文化"数字库和"中央厨房"共享平台。对于内容生产而言，海南省县级融媒体中心要树立互联网思维，根据公众的媒介需求和文化品位，进行针对性的内容创作，基于话题性、情感性、娱乐性、故事性、碎片化和场景化的网络传播特点，制作高质量的乡村文化精品，打造具有国际影响力和知名度的乡村文化品牌。同时，海南省县级融媒体中心还应实现多平台联动，引入社交媒体中海量鲜活、有创意的用户生产内容，实现乡村文化的参与和共创。对于内容分发而言，海南省县级融媒体中心应通过全媒体传播矩阵，借助人工智能（AI）、云计算、大数据和算法推荐等技术，根据不同平台调性进行细致的用户画像，实现乡村文化新闻作品的精准传播。

（四）立足于"服务型媒体"的职能定位，增强用户"黏性"

海南省县级融媒体中心要立足于"服务型媒体"的职能定位，精准识别用户需求，就要求其在建设发展的过程中具备用户思维和用户意识，尽可能满足群众的各类诉求，成为社情民意"上传下达"的重要渠道。因此，海南省县级融媒体中心需要聚合本地资源，不断优化服务方式，创新内容生产，着重提升其自身服务建设的水平和能力。一方面，需要拓展服务范围。例如，进一步完善监督渠道建设，依靠媒体监督力量鼓励本地公众积极建言献策，政府部门要认真听取、迅速追踪、及时反馈，推动县级范围内舆论监督机制的优化重组。另一方面，需要增设服务类别。例如，为满足县级公众的乡村文化需求，应当加强当地精神文明建设，创新乡村文化服务生产，提供类别更加丰富、形式更加生动及民众更加需要的乡村文化产品。此外，海南省县级融媒体还应坚守"用户思维"，深耕本地"小而精"内容，满足用户基本型需求，打造多功能服务平台，拓展用户期望型需求，开拓多元化场景应用，深挖用户魅力型需求。

海南省县级融媒体中心只有及时摸清基层民众的文化需求与审美品位，才能引导民间特色乡村文化传承人紧跟时代和民众需求的变化，生产出符合时代潮流与大众审美的艺术作品。推动提高县域优秀乡村文化传承人的创新能力，是县级融媒体中心下一步工作的突破点。对于民间艺人来说，通过对乡村文化的推陈出新不仅可以给个人带来收益，也可以推动文化品牌的塑造，让地方优秀乡村文化具备丰富的文化内涵与时代价值。群众是融媒体中心服务的重要主体，是融媒体中心工作的重中之重。海南省县级融媒体中心要融入时代进步的潮流中，将乡村文化元素同现代元素有机耦合，深刻认识用户的所想所需。在制度建设、内容创新和技术升级多方发力的背景下，利用区域资源为群众提供乡村文化服务。海南省县级融媒体以其传播形式多元化、宣传手段多样化的优势拓展全年龄段用户；在拓宽用户的基础上，激发文化发展活力，筑牢文化基石，增强用户"黏性"。

（五）增强乡村文化传播有效性，建立评估与反馈机制

海南省县级融媒体应进行乡村文化的有效传播，增强地方文化传播有效性，包括参与式传播、系列式聚合传播及"熟人"传播3种形式。

参与式传播 所谓参与式传播，是指"一种'草根'接收者和'信息'来源之间，以发展传播者为中介的双向的、动态的互动"，从而激发传播体系中"草根"群体的主体意识和参与效能。据此，海南省县级融媒体从业者可着眼乡村文化主题开展参与式传播，如开通乡村文化征集窗口、开展"我讲乡村文化"活动，增加本地方言节目等，合力深挖乡村文化资源，鼓励本地民众参与海南省县级融媒体中心微信公众号传播活动，从而激发本地民众对乡村文化、地方媒体的认同感、归属感。本地方言节目在海南省县级融媒体的建设中是必不可少的，方言节目不仅能够满足基层用户（尤其是只会说当地方言的人们）的信息需求，还能拉近距离，增加亲近感。人们对自己家乡的风土人情感兴趣，海南省县级媒体可以挖掘当地名人佚事，配以图片或短视频，在融媒体中心平台发布，本地人看到后大多会转发到朋友圈或微信群，一传十、十传百，不仅提高本地新闻点击率，在一定程度上还能增加当地民众的认同感，切实提高乡村文化在县级融媒体中心微信公众号传播的效果。

系列式聚合传播 乡村文化是包括风俗习惯、历史遗迹、建筑饮食、工艺美术和生态文明，以及民族文化在内的一系列文化艺术表现形式的总和。因此，海南省县级融媒体中心微信公众号可开通"乡村文化"系列专题，策划多个不同乡村文化领域的专题栏目。一方面，系列专题的持续传播，可提高用户媒体使用效率，日益强化地方文化认同情感，每一篇优质文章的成功传播，都为下一次传播内容积累阅读用户；

另一方面，多个专题栏目聚合式传播，形成同一平台地方文化传播矩阵，组成一定规模的个性化、特色化内容传播，有助于本地文化招牌打得出去、打得响亮，如海南东方市融媒体中心"Today Dongfang"栏目开通的系列专题"大美东方""魅力东方""生态东方""活力东方""开放东方""寻味东方"，向世界讲述东方市的故事。

"熟人"传播　县级民众处于"熟人"社会环境中，信息传播双方操着相近的口音，身处相似的地域背景，在不知不觉的交往中形成了专属当地的"熟人"传播模式。其中，方言属于重要组成部分。方言作为地方特色语言，是地域内民众自发形成的家乡语言，也是可转化为地方媒体传播使用的书面语言。因此，媒体从业者要巧妙发挥方言力量，将乡言乡语运用于县级融媒体中心微信公众号的内容传播，营造民众"熟悉"的传播场域，直接拉近文化传播双方距离，使得每一次点击阅读，仿佛在与邻居进行亲切交谈，吸引本地用户积极参与县级融媒体中心微信公众号的传播、互动。以东方市融媒体中心的乡村文化传播为例，该中心的献礼中国共产党成立100周年音乐短片（MV）《东方红又红》通过普通话、苗话、哥隆话、军话、黎话和海南话5种方言倾情演唱，利用本地群众对本地文化情感认同这一特点，激起了几十万名东方人的情感共鸣。尤其是在外的东方游子，通过视频听到了家乡的声音、看到了家乡的变化，内心爱国爱家乡的热情油然而生。

评估和反馈是检验融媒体传播效果的重要环节，是县级融媒体中心传播系统的重要组成部分。当前，海南省县级融媒体中心乡村文化实践的评价和反馈机制以完成上级单位的宣传要求和量化考核为重要标准，还应加强对内容生产的评估和对用户体验的关注。事实上，乡村文化传播的评估和反馈机制应当根据海南省县级融媒体发展的目标导向，贯穿传播扩散、内容运营等各个环节，根据"评价—反馈—调节—矫正"的线性模型，建立一套关于乡村文化传播的评估反馈机制。海南省县级融媒体中心乡村文化传播的评估与反馈机制，应在以往量化考核的基础上，增加传播效果评估和受众反馈环节，建立多维评估和反馈的量化指标，依托大数据、云计算、人工智能等技术，进行全面、系统、实时的数据收集，促使乡村文化的评估反馈机制更加精准高效。评估和反馈机制的数据来源主要有两个方面：一是海南省县级融媒体中心下属各平台乡村文化相关作品的浏览、转发、点赞、评论等数据，以及抖音、微信等平台利用大数据统计发布的后台数据；二是通过问卷调查、用户来信、电子邮件等方式，听取专家学者和县域民众的意见和建议。

三、海南省县级融媒体传播乡村文化的展望

　　媒体融合的发展方向是平台化。传统媒体要主动做好转型，构建以媒体为核心、具备工具性和开放性的媒体平台，并且要以为其他的主体和相关业务提供技术支撑为发展方向，向移动化、智能化演进，因此针对移动端的服务功能也将成为其平台的主要选择。媒体的服务对象是人，海南省县级融媒体中心要发展，关键就在于用户，用户是县级融媒体中心发展的生命线和舆论阵地建设的关键。海南省县级融媒体中心必须重视服务，只有为用户提供高质量的服务，才能够同群众和用户进行有效连接。信息化建设服务应支持各地信息化成果的转化，让融媒体中心筑起一条路，使政府更好地了解群众、贴近群众、为群众排忧解难；让海南省县级融媒体中心搭起一座桥，使政府更好地发扬人民民主、接受人民监督，助力"智慧乡村"建设。海南省县级融媒体中心是县域信息中枢以及综合性、智能化的平台，在"智慧乡村"建设中具有重要地位。县级融媒体是最基层的媒体，也是距离乡村最近的媒体，利用原有的县级媒体资源和各种平台，汇集乡村民宿、地域文化、农业主题公园、田园风光、风土人情、生态康养等多种县域本土信息。这些县域数据和资源都沉淀在县级融媒体中心的平台上，成为最重要的可以运营的数字资产，也是实现智慧乡村特色发展的根本资源所在。海南省县级融媒体中心也可以与"智慧乡村"系统对接，通过整合乡土信息资源、发掘乡村价值、丰富特色应用，助推"智慧乡村"系统纳入旅游休闲、创客物流、农田观光、农村电商等新兴功能，在乡村农业生产、交通和居住三大传统发展空间的基础上，打造产业复合、游居完备的乡村功能型融合模式，树立绿色农业、特色产业、生态旅游、地方文化等本土化品牌，甚至还可以把美好的乡村环境"推销"出去。海南省县级融媒体中心面向政府、行业、用户实现垂直、细分、场景、智能服务，真正实现政务、商务、服务全连接，最终实现"智慧省区""智慧社区"。

　　理想的县级融媒体中心建设不仅要做到媒体融合，还应以媒体融合为推动力，实现地区的长期良性可持续发展。在媒体融合的进程中，不仅要关注到融媒体中心在地区社会治理、舆论引导、政策宣传等方面的作用，更要注意到各地区所蕴含的独特文化资源。乡村文化在历史的推演中逐渐淡化，县级融媒体中心作为深入各地区的媒体形态，更要担负起传承与发展乡村文化的责任。一方面，发挥地方党委、政府的引领作用。海南省委、省政府牵头开展的一系列工作为基于融媒体平台的乡村文化传承和传播创新奠定了政策基础、认识基础、环境基础、群众基础，在全省范围内营造了全

民参与的地方文化传承的氛围。海南省县级融媒体中心所开展的一系列乡村文化传承传播活动也被纳入海南省乡村文化保护、传承、发掘的总体规划之中。另一方面，因地制宜，深耕乡村文化特色。在传播渠道层面，海南省县级融媒体中心应结合融媒体时代的传播规律，通过深挖乡村文化中具有时代潜力、传播张力的内容和特征，发挥多元渠道的联动效应，将县域内乡村文化嵌入各平台传播特点，各平台发挥自身优势对文化传承与传播进行有效引导，形成覆盖广泛、传播有效、有用高效的文化传播矩阵。在内容层面，县级媒体可针对各县域的习俗和文化特征，开发独具乡村文化特色的文旅产品，并结合当地景观、历史、风俗开办艺术节、旅游节等文化活动，发挥乡村文化的在地性优势与文化潜力。海南省县级融媒体中心也可打造具有地方特色、贴合地方群众审美偏好和生活习惯的融媒体作品，吸引公众的关注，促进社交化传播的实现，例如，海口市融媒体中心的海口日报融媒报道了"海口杯"端午龙舟邀请赛，以此来传承和弘扬乡村文化。

　　随着中国日益走向世界舞台的中央，中国在国际传播新秩序中的作用越来越重要，亟须获得与国际地位匹配的话语权。因此，在四级媒体传播体系的国际传播格局下，中国县级融媒体中心需要打破传统的跟随复制思维，全方位提升自身能力，以更好地适应"移动化、社交化和可视化"国际传播趋势。在传统媒体时代，海南省县级媒体的内容生产与传播很难突破县域范围。但随着数字技术的发展和媒介生态的变化，海南省县级融媒体深挖本土特色乡村文化，生产、包装和传播具有差异的社会基层和普通人的故事，让文化再生，让地方可见。在本土文化挖掘生产方面，作为县域的主流媒体，海南省县级融媒体中心除了具有媒介属性，还拥有管理属性。海南省县级融媒体中心在媒介内容生产方面，可以发挥政务服务的功能，与政府的部分功能对接，对县域内的文化实现媒介服务，扩大本土文化的服务面，延伸县域文化的价值体系。例如，东方"村BA"篮球超级联赛等系列赛事受到国内外关注，主要是由于海南东方、琼海、海口等地县级融媒体起到了挖掘生产地方文化的作用。东方市融媒体中心和"Today Dongfang"等本地媒体平台通过开展线上赛事直播，使用短视频、图文报道等新媒体矩阵对赛场内外热点全覆盖，点燃了这项村级赛事的传播之火。海南省县级融媒体要调整传播理念，树立全球传播观念，还须调整功能定位，提升乡村文化传播能力。海南省县级融媒体要注重运用新的媒体语言展示乡村文化，讲述地方故事，通过网络化的语言与个性化的表达，赋予地方故事、乡村文化新的活力，以此展现更加真实、立体、全面的中国。

参考文献

班固，1962. 汉书［M］. 北京：中华书局.

蔡雯，2006. 媒介融合前景下的新闻传播变革——试论"融合新闻"及其挑战［J］. 国际新闻界（5）：31-35.

曹爱民，2020. 县级融媒体中心助力乡村振兴战略的路径选择［J］. 现代视听（10）：19-22.

常凌翀，2019. 乡村振兴视域下县级融媒体的创新发展路径［J］. 湖州师范学院学报，41（3）：99-103.

陈洪友，李虹，2022. 嵌入到共生：县级融媒体参与乡村文化生产的进路［J］. 中州学刊（11）：155-163.

陈世博，祝志忠，2020. 自贸港建设背景下海南县级融媒体中心的发展研究［J］. 传播力研究，4（12）：59-60.

陈守湖，2021. 媒介·文化·政治——县级融媒体运行机制的三重逻辑［J］. 陕西师范大学学报（哲学社会科学版），50（1）：143-151.

陈燕娟，2021. 县级融媒体如何进行短视频生产和传播——以兰溪融媒体中心"短视频+"创作实践为例［J］. 新闻研究导刊，12：151-153.

刁卓，章帅，张可，2023. 融媒矩阵、互动社群、文化输出：县级融媒体的品牌营销传播策略——以长三角县级融媒体中心为例［J］. 中国传媒科技（4）：110-113.

杜婷婷，2021. 县级融媒体平台对文化旅游产业发展作用探析［J］. 文化产业（24）：160-161.

房旖文，2023. 县级融媒体服务乡村文化振兴路径研究——以河北省内丘县融媒体中心为例［J］. 新闻论坛，37（1）：45-47.

参考文献

费孝通，2008. 乡土中国 [M]. 北京：人民出版社.

冯夏楠，2022. 民族地区县级融媒体中心公共文化服务的共性与特性分析 [J]. 新闻研究导刊，13（18）：16-19.

高雅，2022. 融媒体时代乡村旅游体验基础上江苏苏州创新文化的路径探究 [J]. 西部旅游（19）：24-26.

高玉敏，2022. 新时代乡村文化振兴的内涵与推进路径 [J]. 河北师范大学学报，45（4）：69-75.

葛文杰，2020. 县级融媒体助推文化自信的构建——以南京江宁区融媒体中心的实践为例 [J] 中国广播电视学刊（8）：46-48.

古斯敏，2020. 新华社助力打通基层治理"最后一公里"——以海南县级融媒体中心建设为例 [J]. 中国记者（5）：99-101.

顾保国，林岩，2019. 文化振兴：夯实乡村振兴的精神基础 [M]. 郑州：中原农民出版社. 北京：红旗出版社.

郭庆光，2011. 传播学教程 [M]. 兰州：兰州大学出版社.

郭荣，2020. 乡村振兴视野下县级媒体融合的内在逻辑 [J]. 新闻传播（20）：55-56.

郭跃飞，2019. 论新时代乡村文化的价值内涵与提升 [J]. 信阳农林学院学报，29（4）：25-28.

国征，王志霞，2020. 创新对农宣传 助力乡村振兴——寿光市融媒体中心发挥特色优势做活对农节目 [J]. 现代视听（4）：24-27.

哈罗德·拉斯韦尔，2013. 社会传播的结构与功能 [M]. 何道宽，译. 北京：中国传媒大学出版社.

韩海苗，郭旭魁，2022. 县级融媒体太行文化典型报道的传播效果研究——以中太行地区为范围 [J]. 长治学院学报，39（3）：12-18.

何加晋，2020. 县级融媒体热的冷思考 [J]. 视听（2）：5-7.

何美，郑勇华，2021. 县级融媒体中心如何参与乡村文化振兴 [J]. 新闻研究导刊，12（6）：56-57.

何文霞，罗祎文，2022. 融媒体环境下乡土文化传播的路径重构 [J]. 中国地市报人（11）：43-45.

纪冬炎，柏羽丛，汤洁，等，2022. 县级融媒体助推乡村振兴战略进程和对策建议——以宁波市鄞州区融媒体中心为例 [J]. 数字农业与智能农机（19）：105-107.

江龙国, 2021. 县级融媒体中心与基层公共文化服务建设 [J]. 传媒论坛, 4 (24): 76-77, 80.

江宇, 卢晶玲, 2020. 县级融媒体中心微信公众号助力乡村振兴的路径探析——以广西边境八县融媒体中心微信公众号为例 [J]. 新闻论坛, 34 (6): 106-109.

阚宇轩, 朱良志, 2022. 县级融媒体中心弘扬地方传统文化的路径探索 [J]. 新闻世界 (5): 23-26.

亢晓昉, 2022. 媒体融合背景下乡村文化旅游品牌营销策略研究 [J]. 现代营销 (下旬刊) (11): 52-54.

柯真, 黄耀明, 2020. 县级融媒体中心助推乡村文化振兴的困境与路径——以漳州市县级融媒体中心为例 [J]. 宁德师范学院学报 (哲学社会科学版) (3): 60-67.

李骥翔, 2023. 文旅融合背景下县级媒体文化推广研究 [J]. 视听界 (5): 113-115.

李梦磊, 徐建国, 2023. 融媒体视域下乡村文化传播策略研究 [J]. 编辑之友 (6): 53-57.

李庆, 2022. 县级融媒体中心弘扬优秀传统文化的路径探析——以滕州市融媒体中心为例 [J]. 现代视听 (7): 76-79.

李勇, 2023. 县级融媒体提升国际传播效能的本土文化路径分析 [J]. 中国编辑 (10): 85-90.

梁甜甜, 张立进, 2022. 融媒体时代红色文化助推乡村振兴的路径研究 [J]. 三晋基层治理 (1): 55-59.

林碧烽, 2022. 县级融媒体中心助力地方文化传承的内在逻辑与实践路径 [J]. 艺苑 (4): 80-84.

林香云, 2023. 全媒体环境下构建"县级融媒体+短视频"新型传播平台的必要性及有效路径——以海南省保亭黎族苗族自治县融媒体中心为例 [J]. 东西南北 (7): 81-83.

刘传琳, 2018. 抓住融媒体改革机遇 重构农村文化阵地——县级广播媒体发展之思索 [J]. 中国广播 (9): 8-10.

刘合心, 2017. 尧文化知行录 [M]. 太原: 山西人民出版社.

马莉, 2022. 我国县级融媒体发展特征及趋势 [J]. 传媒 (11): 18-22.

潘杨, 2021. 强化顶层设计 协调联动推进——海南县级融媒体中心建设的特色与思考［J］．新闻战线（11）：79-81．

任红梅，2023．县级融媒体助力农村公共文化服务的理论逻辑与路径［J］．新闻知识（1）：43-47，93．

单文盛，王悦，2023．县级融媒体如何打造本土文化品牌——以醴陵市渌江书院为例［J］．新闻潮（3）：48-51．

隋鹏蕾，2023．逻辑·困境·进路：县级融媒体赋能乡村文化振兴的立体考察［J］．江西广播电视大学学报，25（2）：68-73．

孙纹绘，任静，李亚萍，2022．媒体融合时代环巢湖乡村文化传播的优化路径探析［J］．新闻研究导刊，13（11）：32-34．

谭云明，黄瑜娜，2021．县级融媒体中心建设：乡村振兴战略实施路径选择研究——以湖南株洲地区为例［J］．中国出版（4）：38-41．

田玉海，2023．广西边境县级融媒体中心国门文化的传播机制探析［J］．视听（3）：146-149．

田源，吴晓东，2023．如何发挥地方文化"王牌"作用——县级融媒体中心微信公众号内容建设分析［J］．沈阳师范大学学报（社会科学版），47（6）：107-112．

王春林，2021．县级融媒体中心助推少数民族乡村文化振兴的路径探讨——以广西壮族自治区少数民族县为例［J］．出版广角（15）：76-79．

王天瑞，高伟，郭旭颖，2021．视觉文化背景下县级融媒体扶贫传播研究——以兰考县融媒体中心为例［J］．新闻研究导刊，12（2）：31-32．

王文科，史征，2021．中国市县融媒体中心建设研究报告（2021）［M］．杭州：浙江大学出版社．

王宇航，2023．从黑龙江海林市看县级融媒体助推少数民族文化发展引擎［J］．文化产业（20）：19-21．

韦丹宇，2022．少数民族地区县级融媒体中心的角色和定位——基于环江毛南族自治县融媒体中心的调研［J］．视听（7）：47-50．

文琼瑶，章震，2019．重新连接：县级融媒平台要凝聚基层民众——专访暨南大学新闻与传播学院院长范以锦［J］．新闻与写作（11）：76-81．

吴锋，郑晓琳，2024．民族地区县级融媒体铸牢中华民族共同体意识的价值意蕴与创新路径——基于西部12个省市区的考察［J］．西南民族大学学报（人文社会科学版），45（1）：18-27．

吴根喜，2013．山西国家级历史文化名村名镇［M］．太原：三晋出版社．

吴小勉, 2020. 县级融媒体开掘和提升乡村内生性文化资源的策略研究［J］. 苏州科技大学学报（社会科学版）, 37（6）：88-94.

谢莉莉, 庄欣荷, 肖阳, 2014. 地方特色文化产业化发展模式研究：以马尾船政文化为例［J］. 福州大学学报（哲学社会科学版）（3）：44-50.

谢泽杭, 2021. 县级融媒体"学习强国"红色文化传播策略分析［J］. 新闻论坛, 35（2）：37-38, 49.

辛安怡, 王润珏, 2021. 县级融媒体的地方文化传承与传播路径探析——以浙江嵊州为例［J］. 视听界（5）：85-88, 91.

薛文静, 2022. 基于公共文化服务角色定位的县级融媒体中心建设研究［D］. 兰州：兰州财经大学.

闫琳, 2023. 县级融媒体中心参与民族文化建设的路径探究——以恩施市"文化过年"相关报道为例［J］. 新闻研究导刊, 14（10）：132-134.

羊莹莹, 2023. 基层治理视角下县级融媒体中心的职能定位与发展路径研究——以琼海市融媒体中心为例［J］. 新媒体研究, 9（11）：64-67, 71.

杨佩, 2022. 脱嵌与再嵌：乡村振兴背景下乡村短视频的传播研究［J］. 新闻研究导刊, 13（20）：79-81.

佚名, 2023. 海口昌学村发展动漫文创产业带动人才下乡，激发乡村振兴新活力［EB/OL］. 2023－02－03. https://www.hainan.gov.cn/hainan/sxian/202302/a38621ed54a44d45806921192f25982b.shtml.

佚名, 2023. 进入"动漫时代"的海口昌学村"潮"了起来［EB/OL］. 2023－01－12. https://www.360kuai.com/pc/9959f5b65e93d018e?cota=3&kuai_so=1&sign=360_57c3bbd1&refer_scene=so_1.

佚名, 2023. 乡村振兴再创新：打卡海口昌学动漫村［EB/OL］. 2023－02－21. https://new.qq.com/rain/a/20230221A06V2U00.

殷俊, 冯夏楠, 2023. 基于AHP层次分析法的宁夏县级融媒体中心公共文化服务效能评估研究［J］. 新闻界（2）：44-56.

袁三省, 彭晓琴, 2022. 县级融媒体对地方旅游形象塑造的研究——以重庆市合川区融媒体旅游文化传播为例［J］. 中国广播（1）：93-96.

张传香, 金盼, 2023. 践行"四力"与媒体深度融合赋能乡村文化振兴［J］. 天津大学学报（社会科学版）, 25（6）：523-527.

张莉, 2020. 乡村治理创新实践中的参与式传播运用探析［J］. 编辑之友（12）：42-49.

张璐，2020. 县级融媒体参与乡村振兴的经验与思考——基于三家微信公众号的内容分析［D］. 南昌：南昌大学.

张萌萌，2021. 智媒时代融媒体中心助力环巢湖乡村文化振兴的创新路径［J］. 黑龙江工业学院学报（综合版），21（11）：97-102.

张强，2023. 数字文化时代融媒品牌形象建构刍议——以四川县级融媒体中心建设为例［J］. 全媒体探索（2）：38-39.

张守信，高坤，2023. 县级融媒体中心助力乡村文化振兴的实践路径［J］. 中国编辑（6）：85-90.

张树锋，2023. 县级融媒体中心建设提升乡村文化振兴逻辑进路的探索［J］. 甘肃农业（7）：59-62.

张玮，李旭，王玺，2020. 县级融媒体在乡村振兴传播中的问题与对策［J］. 青年记者（4）：40-41.

张馨文，2021. 论县级融媒体中心在乡村振兴传播中的发展路径——以重庆市潼南区融媒体中心为例［J］. 新闻研究导刊，12（12）：154-155.

赵嘉悦，2020. 融媒体重构乡村文化IP的传播图景——基于对远安嫘祖文化发展的考察［J］. 声屏世界（6）：20-23.

赵婧，林进桃，2022. 地方感视阈下县级融媒体参与少数民族文化传播路径探析——以大理州祥云县融媒体为例［J］. 文化与传播，11（3）：41-46.

赵培君，2020. 公共文化服务下县级融媒体中心建设研究——以贵阳市南明区为例［D］. 贵阳：贵州大学.

中国广播电视社会组织联合会，海看网络科技（山东）股份有限公司，2021. 县级融媒体中心建设的探索与思考［M］. 北京：新华出版社.

周琴，2020. 乡村振兴视域下县域融媒体传播乡村文化的创新路径［D］. 武汉：武汉理工大学.

朱江，李怡宏，黄艳美，2020. 融媒体视角下乡村旅游文化传播策略——以保山市隆阳区西邑乡为例［J］. 乡村科技，11（29）：66-67，70.

朱晓燕，2022. 提升县级融媒体中心文化舆论传播能力研究［J］. 新闻爱好者（10）：83-85.

祝志忠，陈世博，2020. 海南县级融媒体中心的建设发展研究［J］. 传播力研究，4（13）：70-71.

ANDREW N, 2001. Good business or good journalism? Lessons from the bleeding edge

[M]. Hong Kong: A presentation to the World Editors' Forum.

JENKINS H, 2007. Convergence culture: Where old and new media collide [J]. Journal of Popular Culture, 40 (4): 731-733.

NEGROPONTE N M, 1995. Being digital [M]. New York: Alfred A Knopf.